ぼくのママは
プロサッカー選手

岩清水梓の出産と子育てのはなし

発売／小学館
発行／小学館クリエイティブ

聖悟くん特別インタビュー

ぼくのママはサッカーせんしゅ

From Seigo

— おなまえは？

せいごです

— なんさいですか？

4さい！

— なにをしてあそぶのがすきですか？

おすなばで、みんなであそぶのがすき

— すきなたべものは？

いちご

— すきないろは？

みどり！

— おおきくなったらなにになりたいですか？

サッカーせんしゅ！

— ママがサッカーせんしゅだから？

うん！

— あいり（ねこ）のことはすきですか？

すき！　いっしょにあそぶのもたのしい！

— ママのどんなところがすきですか？

サッカーしてるところ。
サッカーがんばってるママはかっこいい！

MJS
33
AZUSA
e·grand
MJS
33

CHAMPIONS
2015 プレナスなでしこリーグ1部　エキサイティングシリーズ

待っていて下さい
共に歩もう! 東北魂!!

特別賞
岩清水 梓
日テレ・ベレーザ

CHAMPIONS
FIFA WOMEN'S WORLD CUP 2011™

ポポラ

ポポラ

CHAMPIONS

岩清水 梓の歩み

獲得タイトル（すべて日テレ・東京ヴェルディベレーザ）

なでしこリーグ優勝：12 回

（2001、2002、2005、2006、2007、2008、2010、2015、2016、2017、2018、2019）

なでしこリーグカップ優勝：6 回

（2007、2010、2012、2016、2018、2019）

皇后杯（全日本女子サッカー選手権大会）優勝：11 回

（2004、2005、2007、2008、2009、2014、2017、2018、2019、2020、2022）

なでしこリーグ ベストイレブン：13 回

（2006、2007、2008、2009、2010、2011、2012、2013、2014、2015、2016、2017、2018）

略歴

1986 年	10 月 14 日、岩手県で生まれる
1993 年	小学校 1 年、大沼 SSS でサッカーを始める
1999 年	中学校 1 年、NTV ベレーザ（現日テレ・東京ヴェルディベレーザ）の 下部組織メニーナのセレクションに合格
2003 年	高校 2 年、ベレーザに昇格
2006 年	なでしこジャパン初出場、第 15 回アジア競技大会（ドーハ）銀メダル
2007 年	FIFA 女子ワールドカップ（中国）出場
2008 年	北京オリンピック 4 位
2010 年	第 16 回アジア競技大会（広州）金メダル
2011 年	FIFA 女子ワールドカップ（ドイツ）優勝
2012 年	ロンドンオリンピック銀メダル
2014 年	トップリーグ通算 200 試合出場達成 AFC 女子アジアカップ（ベトナム）優勝、第 17 回アジア競技大会（仁川）準優勝
2015 年	FIFA 女子ワールドカップ（カナダ）準優勝
2019 年	妊娠による休養を発表 なでしこリーグ特別賞（13 年連続ベストイレブン選出の功績による）
2020 年	3 月 3 日、第一子となる長男・聖悟くんを出産
2021 年	11 月 20 日、WE リーグ・大宮アルディージャ VENTUS 戦で産後初の公式戦出場
2022 年	トップリーグ通算 300 試合出場達成（史上 9 人目）

CONTENTS

CONTENTS

Chapter.4

〝職場復帰〟への道

Chapter.5

仕事と子育て

プロローグ

その日は、いつになく緊張していた。両親はどんな反応をするだろうか。

妊娠、結婚、そして引退。

自分の人生のなかで起こりうるビッグイベントのトップ3を、これから一気に伝えるのだ。でも、いっぱい考えて自分で決めたこと。なんの後悔もない。きっちり、すべて報告して、区切りをつけ、前に進もう。そう思っていた。いや、本当に。自分の実家へ向かっていたこのときは。


結婚を前提に付き合っていた現在の夫と二人で私の実家へ行くと、父はソファに座り、母は台所に立っていた。私たちはその間に入る形で、ダイニングの席に着いた。

まずは、二人の間に子どもを授かったこと。そして結婚することを伝えた。母はビックリしながら振り向くと、おめでとう、と言った。

私はありがとう、と返すと、そのまま言葉を続けた。

「これを機に、もう引退しようかなと思っています」

すると、視界の片隅で、超がつくほど「スポ根」の父が、静かにブチギレているのが確認できた。……わかる。わかります。父がキレているのは、「選手たるもの、シーズンの途中で、私的な理由で引退するなど、一体どういうつもりだ」ということだ。怒るのも当然だし、それは私も散々悩んだことだし、父がそういう反応を示すことも覚悟の上だった。

でも、怖くて見られないので、母のほうだけを私は向いていた。

すると母は、思いもよらない言葉を口にした。

「えー、やめちゃうの？　もったいないじゃん」

一瞬、どういうことか理解ができずにいると、さらに母は続けた。

「だって、宮本さんも代表にお子さんを連れてきてたり、アメリカ代表の選手だって子どもを連れてきてやっているんじゃないの？」

その言葉を聞いて、ハッとした。そう、そんな話を私は以前からよく母にしていた。

母が言った「宮本さん」は、私も2007年のワールドカップで一緒にプレーした日本代表の先輩で、現在はなでしこジャパンのコーチを務めている宮本ともみさんのこと。日本で初めて出産を経て日本代表に復帰した選手で、代表のキャンプにお子さんを連れてきたのを見たことがあった。当時まだ20歳くらいだった私にとって、その光景はとても新鮮で、今でも目に焼きついている。

アメリカ代表の選手もまた、とても刺激的だった。世界大会などで一緒になると、試合後やトレーニング後に、観客席から自分の子どもをピッチに下ろして抱っこしたり、写真を撮ったり、一緒にはしゃいだりしていた。その様子を初めて見たときは、男子選手だけじゃなく、女子選手もこういうことができるんだ！と衝撃を覚えたものだった。

そして私は、そんな場面に出会うたびに、「すごくいいよね」と話していた。それを、母はちゃんと覚えていたのだ。

そんな母の思いがけない言葉に、「たしかに、いつもいいなぁと思いながらその光景を見ていたわ！」と我に返った。

どうしたことか、すっかりその景色を忘れていた。それまではずっと覚えていたのに。ただただ、自分のモチベーションの下がり方と、サッカーを続ける理由探しのほうにばかり気を取られていて、気づかない間に思考がきっとネガティブになっていたのだ。そしていつの間にか、妊娠したことを引退する理由にしようとしていた。

ベテランになってくると、チャレンジすることも少なくなる。いつからか、試合でも若手にチャレンジをさせて、自分たちベテランはどっしり構えて締めるところを締める、といったゲームの運び方をするようになっていた。それは経験則もあるけれど、モチベーションも関係しているように思う。

しかし、そんな私のなかのチャレンジ精神の種火も消えそうになっていたところに、母の言葉は一気に燃料を投下した。

「私も子どもと一緒にピッチに立ちたい！」

だって、それに挑戦するチャンスは、今の私にしかないから……！

そこから一瞬にして、私の頭のなかは出産後の復帰のことでいっぱいになった。

復帰って、どんな感じなんだろう？　自分が産んだ子どもを抱っこして一緒に選手入場なんて、日本の女子サッカーでは見たことがないし、それを達成できたらカッコいいよね。

でもそうなると、産後に復帰してスタメンを勝ち取らないと一緒に入場はできない。ってことは、産前産後もトレーニングをがんばらなきゃ――。

どんどん、ワクワクが広がっていく。あれだけ悩んでいたのはなんだったんだと思うほど、サッカーへのやる気とモチベーションが急激に上がるのがわかった。

やっぱり、自分の主軸には常にサッカーがあって、そのモチベーションが上がれば、自分の人生も明るくなるんだと、改めて思い知った。

「大変かもしれないけど、やってみてダメならダメでもいいんじゃない？　みなさんにごめんなさいって謝ればいいんだから」

そんな母のゆるい言葉もまた、さらに背中を押してくれた。そうだよね、「絶対復帰」とか気負わずに、挑戦するのもいいよね、と。

実家から帰るころにはもう、「やるわ」とはっきり両親に告げていた。

スポ根の父は黙ったままだった。きっと思うことはあったのだろうけれど、そこは母に任せて、私たちは実家を後にした。

あれだけ、決心してきたのに。

一瞬で、あっさり考えが変わってしまった。なんなら、眼前の光の差しこみ方すら変わって、帰り道は見えるものすべてがキラキラと輝いて見えた。

さぁ、そうとなればなにから始めたらいいのだろう。前例もほとんどないし、情報を集めるところから始めないと……。その前に、チームを離れる前の最後の1試合、決勝戦でしっかりタイトルを取らなければ。

もう私の頭には、前向きなことしか浮かばなくなっていた。

Chapter.1

私とサッカー

私とサッカー、そしてベレーザとの出会い

女子サッカー選手のおそらく9割が、「サッカーを始めたきっかけは?」と聞かれると、「お兄ちゃんがやっていたから」と答える。これは〝あるある〟だ。しかし、私はといえばちょっとだけ違っていて、「友達がやっていたから」。しかも男の子の友達だった。今でこそ、女子サッカーはだいぶ一般的に普及してきたけれど、私が子どものころはまだサッカーは「男の子のスポーツ」だった。だから女の子でサッカーをやる子は、ほとんどが男の子のチームに混ざってプレーしていた。

最近のサッカーをやっている女の子たちは、きっかけは「なでしこに憧れて」と言ってくれたりしているのだろうか。そうだとうれしいな。

小学校に上がるとき、私は市外の幼稚園から引っ越してきて入学したため、周りに友達がいなかった。そんななか、初めて男の子の友達ができた。その子とはいつも一緒で、放

課後もずっと遊んでいた。あるとき、いつものように遊んでいると、「じゃあ、俺、練習行ってくるから。またね！」と言われてしまった。私はビックリして「なにやってるの？」と聞くと「サッカーやってるんだよ！」と返ってきた。もちろん、サッカーに興味などなかったが、私はとっさに「見に行きたい！」と言ってついて行った。すると、そこでは地域の少年サッカー団が練習をしていた。当時では珍しく、女の子もすでに二人もいて、その瞬間に「私もやる！」と決めた。本当のことを言えば、サッカーがやりたかったというより、友達とずっと遊びたかったのと、仲間に入れてほしかっただけだった。でも、それが私のサッカーとの出会いだった。

Jリーグのおかげで、「サッカーをやりたい」と言ったときの親の反応もそんなに悪くなかった。開幕したてだったこともあり、学校ではヴェルディ川崎（現東京ヴェルディ）派か、横浜マリノス（現横浜F・マリノス）派かで盛り上がったりしていた。ちなみに私は、当時はよくわかっていなかったが、ヴェルディ派だった。偉い。

小さいころから体を動かすことが好きで、公園を走ったり、ジャングルジム、アスレチックなんかは一番好きだった。どちらかというと女の子と遊ぶより、男の子と遊んでいるほうが気も合うし楽しい。だからサッカーも楽しかった。うまくなりたい、とかでは全然なく、あくまで遊びの延長の感覚だった。

結局、6年生まで続けた女子は私だけだった。男の子のなかでずっとやっていたけれど、小学生までは女の子のほうが成長が早いからか、私は少年団のなかでも大きいほうで、誰よりも走るのが速かった。ポジションはフォワード。いわゆるデカくて速いストライカーで、パワー負けももちろんない。上手な男の子もたくさんいたけれど、彼らと比べてもなんら遜色はなく、スタメンで試合に出たりもしていた。ただ当時のルールで、県の大きな大会や公式戦だと、女の子は一緒に試合には出られなかった（現在はそのようなルールはないので、よかった、よかった！）。それでも6年間を通して2回だけ県大会に出るチャンスがあって、そのときはすごく面白かったのを覚えている。

サッカーは好きだった。でも、それは友達と遊ぶ手段だったから。だからそこまで強い思い入れもなかった。中学校に進学したらソフトボール部に入ろうと決めていた。父の知り合いの娘さんもやっているとかで勧められて、すでに必要なギアなどもそろいつつあった。なので、私もてっきり自分はソフトボール部員になると思っていた。

ある日、そんな父がどこからか、ヴェルディの女子チームであるベレーザの下部組織・メニーナのセレクションを見つけてきた。それだけでなく、もう応募していた。ソフトボール部の話はどうなったのかわからないが、「明日セレクションだからな」と突然言われ、私はわけもわからぬままセレクションを受けに行くことになった。

実は当時、私には、女子サッカーは弱いという偏見があった。一度だけ地元の女子サッカーを見に行ったときに、たまたまだったのかもしれないけれど、おしゃべりばかりで全然サッカーになっていなかったのを見ていて、それから私のなかでは「女子のサッカーなんてこんなもの」と勝手にレッテルを貼っていたのだ。

それなのに、セレクションに行くと、来ている女の子は「超」がつくほど上手な子ばかり。しかも、そんな子がいっぱいいる。今思えば、さすが女子サッカーの歴史が一番古いクラブのセレクションだけある。思っていたのと全然違っていて、みんながうますぎてビックリした私は、すっかり怖気づいてしまった。ゲームのときにどうしていいかわからず、ただゴール前に突っ立っている私。その姿を見て、怒ったのは父だった。水を飲みに行ったタイミングで「お前、なにしに来たんだよ。ちゃんとやれよ！」と一喝を食らう。ハッと我に返った私は、それから父のアドバイス通り、足の速さを生かしてサイドを何度も駆け上がった。とにかくやれることをやってみたら、結果はなんと合格。こうして、今でも続く私のメニーナ・ベレーザ人生が幕を開けることになったのだった。

あのとき、父に怒られていなければ、今の私はいないと思うと、今でも父にはすごく感謝している。

イワシのリアル日記
特別公開！

From Diary

あの日の3行日記

2021.1.31.

vs 新潟 2-0。
初のメンバーイン。託児所を
やってもらった。出場はなし！
セイゴは試合中寝てたらしい。

サッカー選手として生きていく

将来なりたいものって、みんな何歳くらいで明確になるのだろうか？　小さいころから「これ！」って決められた人は、どのくらいいるのだろうか。やりたいことが見つかるのが早ければ早いほど、努力の最短距離を取れるから、効率的で羨ましい。一方で、なかなか決められないという人だって、いろんなことにトライして経験できるから、総合的な人生の経験値は高くなりそうで、それもまたいいかもしれない。

サッカー選手の場合、大体が小学生のころからプロになりたかった、と話すことが多い。でも私は、小学校を卒業して、中学校からセレクションでメニーナに入ったけれど、まだその時点では将来自分がサッカー選手になるんだとは決めていなかった。むしろ、一度メニーナをやめたいと思ったことがあったくらいだった。

小学生のころは、男の子に混ざってフォワードとしてバンバン得点を決めていたけれど、中学生になり、メニーナに入ってからはポジションは少し後ろに下がり、ミッドフィルダーとして中盤でプレーすることになった。周りの選手たちは相変わらずうまくて、最初のうちは追いつくのに必死だった。やがて中学2年生になると、私は捻挫などの怪我を繰り返すようになり、実質1年ぐらいはプレーができない日々を過ごした。そのころから、先輩に混ざって同級生が試合に出られるようになっていた。羨ましいと思いながらも、自分は怪我でなにもできず、その様子をただ見つめるだけ。苦しい時間だった。

怪我が治ってからも、しばらくはブランクを取り戻すのに時間がかかっていた。次第に焦りから、自分のなかでサッカーが苦痛に変わりつつあった。

ある日、「もうメニーナをやめたい」と両親に打ち明けた。すると、怒ったのはまた父親だった。

「なに言ってんだ。自分がやるって決めたんだから、最後までやりなさい」

うちの父はスポ根だ。こう言われるのは最初からわかっていた。ただ私は、どこかで弱音を一度吐きたかったのだ。

これで吹っ切れた私は、それまでの遅れを取り戻すべく、その後はサッカーに打ちこんだ。実は、私はあまり自分に自信がないほうだった。しかし、私のプレーを見ていた監督が「ヘディングの練習をしたらどうだ？」とアドバイスをくれて、人よりも多く練習していると、やがてそれが自分のストロングポイントになった。おかげで、中学3年生からは徐々に試合に出ることが増えていった。

ところが、メニーナには、高校生になるときに、そのまま上のカテゴリーにステップアップできるかどうかの審査、いわゆる「肩たたき」があった。見込みがあれば、そのままメニーナのユース年代へ。見込みがないと判断されれば、メニーナをやめて、高校の部活などを勧められるというものだ。今振り返っても、なんとも緊張感のあるシステムだ。そして、その最終審査は親の面談。正直なところ、私も親も半分諦めていた。怪我も長かったし、試合に出るようになったのも最近だったから。ところが、中学3年生になって試合に出るようになってから、メキメキ成長していったのを評価してもらえたようで、高校でも無事、メニーナでサッカーを続けられることになった。奇しくもまた、父親の一喝が私の未来を大きく変えていた。あの一言がなかったら、サッカー自体をやめていたかもしれないと思うと、改めて父には本当に感謝している。

そこからは、高校に上がったのをきっかけに、自ずとトップチームであるベレーザに昇格することだけが私の目標になった。高校時代はとにかくサッカー漬けの毎日だった。そのころからだろうか。サッカー選手として生きていく、ということを考え始めたのは。

ベレーザの先輩たちが、仕事をやりながらサッカーをしているのを、同じクラブハウスで間近で見ていて、近い将来は自分もそうなるんだろうなと、漠然と考えるようになっていた。仕事が不安とか、そういうことよりも、当時の日本代表チームはほぼベレーザの選手だったため、トップに上がれば日本代表でプレーする可能性もあるかもしれない、と思うと、もうそれしか見えなくなっていた。

その後、高校1年で年代別の日本代表に選ばれると、翌年、高校2年生でずっと目標だったベレーザに昇格。ついに「サッカー選手」のスタートラインに立った。そして、それまでよりもずっとシビアな競争の世界に身を置き続けることになった。

考えてみれば、私の場合は、今の職業が最初から明確な「将来の夢」ではなかった。ただ目の前にある、やりたいことを突き詰めて進んでいったら、たどり着いた感じだ。始まりは、友達と遊ぶためのツールだったものが、今はこうして食べていくための仕事になっているのだから、面白い。なにが人生を作っていくのかは、本当にわからないものである。

とにかくハードな日本代表

2020年3月3日に息子を産んでからは、とにかく忙しくて本当に時間が足りない。でも、決していやじゃないこの感じ、なんだか身に覚えがあるな……と思ったら、ベレーザと日本代表の両方でプレーしていたころの感覚だと気づいた。

2006年、19歳で初めてなでしこジャパンに呼んでもらってからの日々は、怒涛のようだった。所属クラブの試合が、リーグ戦、カップ戦を合わせて年間25~28試合。代表に選ばれると、そこにオリンピック、ワールドカップ、アジア大会といった国際大会が予選から加わり、年間でさらに最大20試合前後。それに加えて女子選手は仕事もしていた。

2020年になでしこリーグから「WEリーグ」となって女子サッカーもプロ化されたが、それまでは基本的にみな、選手はサッカーだけでは報酬を得られないから、所属クラブや別の会社で社員として働いていた。私の場合は、朝から出勤、終業後に夜はクラブチームで練習、週末は試合。その合間に、日本代表の活動で国内外を飛び回っていた。

いくらサッカーが大好きでも、なかなかのハードさだ。プライベートなんてあったものじゃない。それでも耐えられたのは、代表の活動で得られる充実感や経験値が計り知れないからだけでなく、なにより、なでしこジャパンの認知度を上げたい、女子サッカーに貢献したいという強い気持ちからだった。女子サッカーをメジャーにするためには結果が必要。強いなでしこを見せることこそが、一番の近道だと選手の誰もが思っていた。

今でこそ世界で戦える強いチーム、という印象があるかもしれないけれど、最初からそうだったわけではない。私が若手だったころは、まだ女子サッカーはマイナーだったし、先輩方の努力で少しずつ注目され始めていた時期だった。認知度を上げるには、とにかくオリンピックに出なくてはいけない。「なでしこジャパン」というおなじみの愛称ができたのも、2004年のアテネ大会出場が決まったから。そして、2008年の北京大会で初めて2大会連続出場を達成したことで、ようやくなでしこが「オリンピックに出られるチーム」だという印象が世間についたのではないかと記憶している。

その北京オリンピックは4位だった。周りからは、これまでの歴史を考えれば大健闘、と言ってもらったけれど、私たちは「メダルを獲らないと注目してもらえない。意味がないんだ」と口々に言い合っていたのを今でも鮮明に覚えている。

その後もがむしゃらに走り続け、2011年のドイツワールドカップで念願の初優勝。優勝が決まった瞬間は、本当にうれしかったし、夢みたいだった。

——でも、その歓喜は本当に一瞬だった。

なぜかと言うと、ワールドカップ優勝が決まってから2カ月後の9月には、2012年ロンドンオリンピックの予選が控えていたからだ。

ワールドカップでは、日本中がどんどん盛り上がって応援してくれて、「なでしこフィーバー」が巻き起こっていたのも知っていた。それなのに、翌年のオリンピックに出られないなんてことがあったら、あっという間に火は消えてしまう——。そんなことが頭にチラついて、実際は世界一の喜びには浸れなかったのだ。だから、やっと素直にワールドカップ優勝を喜んだのは、ロンドンオリンピック出場を無事に決めたときだった。

「ロンドンも決めたし、優勝できてよかったね」とみんなで言い合い、胸をなで下ろしたときのことはよく覚えている。しかし、あれは本当に怖かった……。

迎えたロンドンオリンピックでは、銀メダルを獲得することができた。ワールドカップ王者として、それまでノーマークだった日本が急に対戦相手に研究されているのを体感した大会で、そんななかでの準優勝は、本当に素晴らしい結果だったと今でも思う。

その後も、２０１５年カナダワールドカップで準優勝し、苦しみながらもなんとか結果を出し、とにかく全速力で駆け抜けた。しかし、２０１６年のリオデジャネイロオリンピック予選で、まさかの敗退。あれは今でも本当に悔やまれる。がんばって築き上げ、つないできたものを、自分たちの手で手放してしまったようで、落胆と申し訳なさを抱えたまま、私のなでしこは終わった。


「女子サッカーのために」という思い、先輩方が築いてきた歴史を引き継いでいるという自負、築いてきた人気を下げるわけにはいかないという責任感。思えば、そんな重圧と常に戦っていた10年間だった気がする。良いことも、悪いことも、苦しいことも、楽しいことも、すべて経験した。

そして、あのハードな環境で培ったメンタルやタフさは、確実に今、子育てに生きている。人生はすべてがつながっていて、無駄なことは一つもないんだなと、改めて実感している。

引退するための理由を探していたころ

どんなに好きなことでも、それを続けていくためには、モチベーションの有無が大きく関係する。そのモチベーションを保つ力がなくなってきたかも……と自分で気づいても、やっぱり好きなことから離れたくない気持ちもあって、どうしたらいいのかわからず、しばらく心がさまよってしまう。この葛藤から抜け出すための、なにか決定打が欲しい。一時期の私はそう考えていた。

2016年のリオデジャネイロオリンピックの予選敗退を機に、私は日本代表から遠ざかることになった。実はそこから、どこか心にポッカリと穴が空いたような感覚があった。あまりに忙しいスケジュールで日本代表とベレーザの二足のわらじ生活をこなしていたため、時間という物理的な理由もあったけれど、気持ちのうえでも「夢の跡」みたいなもの寂しさがあった。だからといって、燃え尽き症候群かと聞かれれば、そういうわけでもない。

変わらずサッカーは好きだったし、クラブでは試合にも出ていて、タイトルを目指してがんばっていた。ただ、ずっとなにかに追われ、全速力で走っていたような生活から、ある日を境に急に自分の走る速度がわからなくなってしまったというか……。

やっぱり、日本代表という場所は自分のなかで特別だったんだなと、離れてみて、改めて実感させられた。はたから見れば、それでもリーグ優勝を目指しているチームでキャプテンを務めて、3冠や連覇を狙っているなんてすごいでしょ、と思われるかもしれない。でも、結局私のなかではその先に「日本代表」を見ていたのだ。つまり、代表に選ばれることが、私のサッカーに対する最大のモチベーションであり、そのためにはベレーザでそれに匹敵するパフォーマンスを出し続ける、ということにリンクしていたのだ。

しかし、その最終目的地を失って「なんのためにがんばっているんだろう?」という気持ちが、心の奥からプスプスと湧くようになった。

しばらくして、若手が育ってきたこともあり、チームのリーグ3連覇を機に、私はキャプテンを外れた。そのころから、頭のなかにうっすらと「引退」という文字が浮かんでくるようになっていた。

とはいえ、サッカーをやめたいのかといえばそうではなくて、じゃあなんで？　と聞かれれば自分でもよくわからない。ベレーザでの日々は充実していたが、日本代表という大きな目標を一つ失い、自分にとって当たり前にクリアしなければと思ってきたチームでのレギュラー出場や優勝以外の目標が見つけられなくなっていた。

どうしていいかわからない。当時はまだ女子サッカー界はプロ契約がなかったので、サッカー選手を続けようと思えば続けることは可能だった。体力的には、まだまだ全然やっていける。でも、こんな宙ぶらりんな気持ちで続けていてもいいものかどうか……。

キャプテンの責務から離れ、31歳になり、私はこの先の自分のキャリアを1年単位で考えるようになった。そして、いつしか毎週末、周りの友人や知人に「今シーズンでサッカーをやめるかもしれないから、見に来なよ」と言うようになっていた。

自分のなかで釈然としない気持ちを抱えつつも、結局、自分でははっきり決めることができないでいる。いっそのこと、誰か決めてくれないかな——。

友人たちには「あんなことを言っていても、まだやってるじゃん」とからかわれながらも、それから1年半が過ぎようとしていた。ありがたいことに、変わらず試合には出してもらっていて、クラブ史上初のリーグ5連覇に向けて奮闘していた。そんなときだった。

妊娠していることがわかった。

最初に思い浮かんだのは「引退」という二文字だった。したかったわけじゃないけれど、これで引退できる――。サッカーをやめたいわけじゃない。でもずっとずっと、理由を探していた。だって、自分じゃどうしても決められないから。

当時、結婚を前提に付き合っていた現在の夫に打ち明けた。

「これでやめようかなと思う」

いつまでも自分のモチベーションも探せない状態でサッカーをやっていることに、心のどこかで申し訳なさを強く感じていた。でも、これで持ち続けていた罪悪感から解放される。

妊娠の発覚時はちょうどシーズン真っ只中で、カップ戦の決勝進出に向けて佳境を迎えていた。このまま勝ち残れば、あと2、3試合でカップ戦は終わる。そこを区切りにしたいと夫には伝え、私は自分のサッカー人生を終えようとしていた。

イワシの"サポーター"インタビュー①

お母さん

なるようになる。あまり悩まず進んでほしい

――岩清水家は、父の司さん、母のゆかりさん、弟の銀士朗さんの4人家族。なかでも梓さんの最大の理解者がお母さんです。娘から妊娠・結婚・引退を告げられたとき、なにを思ったのでしょうか?

梓は、昔からおとなしい子でした。先頭に立ってなにかをやるようなタイプではなく、後ろからついていく感じの子でしたが、運動神経はすごくよかった。とにかく体を動かすのが大好きで、だからよく男の子と遊んでいましたね。サッカーを始めたきっかけも男の子の友達で、今でもその子たちとはたまに集まっているみたいです。

メニーナのセレクションは主人が見つけました。そういうのがあるよ、受けてみたら、と、私たちから梓の背中を押した形です。他のスポーツも選択肢にありましたが、本人が「サッカーがいい」と言っていたので、そのセレクションに受かった時点で、家族みんなの矢印の方向が決まりました。そこからは、もうクラブにおまかせと言いますか、特に私たちがすることはありませんでしたが、主人はサッカー雑誌だけは必ず梓に与えていました。自分が読んだあとに黙って置いておいて、梓が実際に読んでいたのかはわかりませんが、「今のサッカー界はこんな感じだぞ」というのを、そっと伝えようとしていましたね（笑）。

そのころから、見られるときは必ず娘の試合は見ています。基本的には、何年経っても、どんな試合でも、毎回ハラハラしています。ＤＦというポジション柄、娘が突破されたらもう後ろにはゴールだけ。だから怪我の心配よりも、「抜かれないで！　お願い！」っていつも祈りながら。だから、オリンピックやワールドカップでは、本当に生きた心地がしませんでした。でも20代で、国を背負ってあの大舞台に立っていたわけですからね。今振り返っても、本当に鳥肌が立つぐらいすごいことを、あの子はやっていたんだなと思うと、改めてとても誇らしく思います。

妊娠と結婚の報告をされ、これを引き際にしてやめようと思うと最初に言われたときは、「産んでも続けたらいいじゃん、もったいないよ！」という言葉がすぐに出ました。私は、本当にもったいないと思ったんです。ここまでやってきて、せっかく築き上げたものを手放してしまうなんて。

私も子育てをしながら、仕事をしていました。当時はまだ、女性はできれば子育て重視という時代で、保育園も少なかったので、子どもが小さいうちは、就学や生活などに合わせて、自分の仕事を選ぶという選択しかありませんでした。今でこそ普通ですが、やっぱり昔は、そこまでして、子どもを預けてまで女は働くものなのか、みたいな風潮もありましたから。でも今は、女性もキャリアを築くことができる社会になってきていますよね。だから、世の中の女性はみんなそうだと思うのですが、妊娠したからといってなにかをやめる、というのは、本当にもったいないなと思うんです。今は女性の地位も上がってきていますし、いろんなフォローをもらって、できるならやっていったほうがいいと、私は個人的に思っています。

梓から報告を受けたとき、主人がなにも言わずに怒っていたというのも、実は同じ理由でした。主人いわく、あのときは妊娠に関してではなく、あっさり「やめる」という言葉を口にしたことに、とにかく腹が立ったそうです。あとはやっぱり、これも私と同じで、ここまでがんばってやってきたことを簡単に無にできるのか、と。だから主人も、「産んでからまたやれば」って、その後に言おうとしたらしいんですが、私が先に言ってしまったので、なにも言えなくなってしまったようです（笑）。

出産して、復帰すると決めてから今まで、近くで見ていても梓は本当によくがんばっているなと思います。そしてスポーツ選手が出産をして、また復帰をするということに対しての注目度が、こんなにも高いんだということにも、正直、驚いています。私はサラッと「続ければ」と言いましたが、それだけ注目されるようなことを、あの子は素直に受け取って、乗り越えてがんばっている。この先、どこまでやれるかなんて想像もつかないけれど、なるようになるんじゃないかな、と思っています。ダメだったらダメでいい。しゃにむにやったって、年齢のこともあるし、気づけばひと回り、ふた回りも違う子たちと考えを共有したり、走り回らなきゃいけないって、本当に大変なことだと思いますから。今まで見てきても本当にまっすぐで、素直な子なので、あまり悩まずにこれからも進んでいってほしいですね。

イワシのリアル日記
特別公開！

From Diary

あの日の3行日記

2019.7.17.

ダンナと一緒に
婦人科へ。
赤ちゃんいた！ 1cm。
びっくりしたし、感動した。

Chapter.2

報告、そして産休

実は隠していたこと

正直に打ち明けると、実は妊娠が発覚してから1カ月弱ほど、公式戦に出場していた。もちろん、クラブには内緒にしたまま。普通に考えたら、恐ろしいと思われても仕方がない。どんでもないことだと、非難されても仕方がないと思う。でも、そうでなければ、あのときの私にはどうしても区切りがつけられなかった。

自分のサッカーに対するモチベーションが薄れつつあるなかで、それでもチームの力になりたいという気持ちと、いっそのことやめてしまおうかという気持ち、だけど、自分ではどちらとも決められない情けなさやもどかしさで、ずっと心がさまよっていた。

そんなときにわかった妊娠。そのときは、「これで引退する理由ができた」とも思っていたが、一方で、これだけ長くお世話になったクラブやチームメイトに対して、これではあまりに無責任な幕引きになってしまう、という思いもあった。いくらそれまで去就について悩んでいたとはいえ、結果、計画的ではないことに変わりはない。自分が人生をかけてきたサッカーの終わらせ方を、妊娠がわかったからと、周りの迷惑も考えずにすぐに打ち切る形で、果たしていいのか。

考えて、考えて出した結論は、当時行われていたカップ戦には最後まで責任を持って出場し、勝って優勝で終えることがせめてもの務めだ、ということだった。

夫に相談をすると、私が決めたことだから、と反対することはなかった。まだ妊娠がわかったばかりで、一番初期の安静にしていなければいけない時期に、私はサッカーの試合に出ようとしている。本来ならば、夫にとっても初めての子どもだし、無事に産まれてくるように、大人しくしていてほしいと思うのが普通だ。でも、夫は私が悩んでいたことも、そしてサッカーが私にとってどれだけ重要で大切なものなのかも、よくわかっていた。

もし、この後カップ戦で決勝まで勝ち進めば、最大でもまだ3試合が残っている。その間はもちろん練習も毎日ある。それでも夫は、絶対に仕事の区切りというのは大事なことだと思うから、と私の気持ちを尊重してくれた。

そして二人でとことん話し合い、もし、万が一、それでお腹にいる子どもと出会えない結果になったとしても、それが私たちの人生で、私たちが選択したことだから納得しよう、と決めた。

それくらい、強い覚悟の上の決断だった。

責務を全うするには、周りに迷惑をかけないためにも、すべてが終わるまでは誰にも話さないことにしようと決めた。ただ、そうは言っても、現場でなにかがあったときにも逆に迷惑がかかるからと、私がベレーザに入ったころからずっとお世話になっている、広報の竹中百合さんにだけは打ち明けることにした。

竹中さんには妊娠と、それからの一連の流れを話し、カップ戦が終わるまで絶対に誰にも言わないでほしい、と口止めをした。今思えば、竹中さんには一人にだけ重責を背負わせてしまったようで、本当に申し訳なく思っているし、それ以上に感謝している。私が練習や試合をする様子を、どんな気持ちで観ていたらいいんだと、誰にも話せないなか、不安と恐怖でいっぱいだっただろうな……。

妊娠が発覚してから最初の試合は、アウェイで新潟への遠征だった。移動日のその日は電車が少し遅れていて、集合場所の駅までは、混んでいる急行に立ったまま乗っていた。すると、なんとなく気分が悪くなり、その気持ち悪さは、新幹線に乗っても、ホテルに着いても続いていた。おかげで晩ごはんはほとんど食べられず、コンディションはとてもいいとは言えなかったが、翌日の試合では2試合連続となるゴールを決めることができて、充実感のなかでそれはうやむやになっていた。

振り返れば、あれが妊娠初期の「つわり」だったのかもしれない。でもそのときは7月の中旬で、かなり暑い日が続いていたため、私は気持ち悪いのも、食欲がないのも、頭が痛いのもすべて「夏バテのせいかな？」くらいに思っていた。もしこれが「つわりだ！」と思っていたら、もっと深刻に考えて、メンタルにも影響していたかもしれない。そう思うと、真夏の暑さで紛れてくれたのは逆によかったのかな、とも思う。単に鈍感だったのかもしれないけれど。

そうして、チームが順調に勝ち進み試合を続けていくなかで、自分の覚悟とは裏腹に、心のなかに〝母親〟である自分が宿っているのを思い知った瞬間があった。

私のポジションはディフェンダーで、自陣のゴールへの攻撃を阻止するのが仕事だ。相手がシュートを撃ってきたら、普段なら、どこかに当たってくれ！　と思いながら体を投げ出すのが当たり前だ。どこでもいいから当たってくれて、シュートコースが逸れれば、自チームの危機は回避できるから。

でも、このときは一度だけ、至近距離でシュートを撃たれたときに、初めて体を投げ出しながらも「お腹にだけは当てないで！」と思ったことがあった。いや、思ってしまったのだ。そのとき、さすがに「あぁ、もう試合は無理だな」と自覚させられた。はたから聞いていれば「当たり前だろ」と思うかもしれない。でも私にとっては、今まで〝仕事モード〟でピッチに立ってプレーしているときに、頭のなかに勝つことよりも優先するなにかが浮かんだことなどなかったのだ。だから自分でも衝撃だったし、やはりお腹の子のことは、無意識に案じてしまうし、抵抗できないものなんだと、身をもって知った。

結局、悩んで、悩んで決めた引退も、決勝戦を前に家族会議で撤回した。そのため、サッカーがしばらく〝おあずけ〟になる私にとっても、区切りのつもりでいたカップ戦を優勝で終えられたことは、自分への最高のエールとなった。

お腹の子も無事で、結果的にはすべてが丸く収まった感じはある。だけど、これはあくまでも結果論だということは決して忘れていないし、これからも忘れない。もしなにかが裏目に出ていたらと思うと、きっと絶望していたし、後悔していたはずだ。

本当に、周りの人に支えられたからこそ、今があると思うと、感謝してもしきれない。そして今は、無事に生まれてきてくれた息子にも、感謝の気持ちでいっぱいだ。

報告

間違いなく、前例がない。ベレーザの選手になって、この時点で16年。どの選手よりも長くクラブに在籍している私が聞いたことがないのだから、それはさぞかし、みんなビックリするよなぁ……。

妊娠していて、産後は復帰するなんて言ったら。

2019なでしこリーグカップの決勝を優勝で終え、なんとか自分のなかで決めた最低限の役割を全うしたあとだった。

チームは試合後、約10日間ほどの夏休みに入っていた。練習再開前に、まずは監督と社長、クラブのフロントスタッフには、今の状況と思いを伝えないといけない。

私の妊娠が発覚した時点で、唯一、そのことを打ち明けていたのが、長年の付き合いがあるクラブ広報の竹中百合さんだった。そのため、報告に行く前に竹中さんと、誰になにから話して、どう伝えたらいいいかを相談し、まずは社長に会いに行った。

当時はまだ女子サッカーのリーグはプロ化されていなかったため、私はクラブの「契約社員」として働いていた。通常なら、会社のいちスタッフが産休を取る、というのはままある話で、そんなに珍しいことでもない。だから私も妊娠の事実を伝えたことで突然クビを言い渡されたり、職を失うといった心配はなかった。思えば、そこに関しては、恵まれたタイミングだったと思う。もしこの2019年時点でプロ化したWEリーグが発足していて、私がプロ契約だったら、前例のないままこの選択をするのは、正直なところ難しかったかもしれない。

ただそれでも、私は契約社員とはいえ、選手という立場。しかもシーズン途中で離脱することになるから、チームに迷惑をかけることに違いはない。もしかしたら、怒られるんじゃないか。もしくは戸惑う反応をされるかもしれない……。

ある程度の覚悟を持って、社長にそのことを告げた。

「本当に？　おめでとう！」

ビックリしながらも、諸手を挙げて笑顔で祝福してくれる社長の姿に、思わず拍子抜けした。続けて、産後に復帰することも伝えると「いいじゃん！　いいじゃん！　がんばりなよ！」と、思っていた以上の前向きな言葉に、強張っていた心がほぐれるのがわかった。本当にありがたい……。

そしてようやく安堵とともに、自分が本当に復帰を目指すんだということを強く実感し、身が引き締まった。

それからクラブの上層部の方々や、監督にも報告に行くと、みんなが本当に口をそろえて「おめでとう」と言ってくれた。伝えるまでは少し不安だったけれど、こんなにみんなが祝福してくれることに、正直ビックリしたし、その気持ちがうれしかった。

ネガティブな発言をする人は誰もいなかったし、しないでくれたことに、すごく救われた。そのことは、のちに竹中さんから「イワシの今まで残した経歴や功績があるからこそ、いろんな人が応援してくれるんだと思うよ」と言ってもらった。なるほど、自分の選択を後押ししてくれて、応援してくれた人がこんなにも多かったのは、今までがんばってきたことに対しての一つの評価の形だったのかと思うと、また感謝の気持ちでいっぱいになった。このクラブの選手として生きてきて、本当によかった。

さて、次はチームメイトだ。直前まで一緒に試合に出ていたわけで、シーズンも中盤に差しかかり、チームの大事な時期に穴を開けてしまう申し訳なさが募る。みんなにどんな反応をされるだろうか――。

休暇明けの練習再開初日、「練習前に話したいことがある」と頼んで、チームミーティングで時間をもらった。

まず開口一番に「結婚します」と告げる。すると、ものすごい歓声が上がった。続けて「実は妊娠していました」と話すと、次はどよめきと悲鳴が混ざった。さらに続けて「産後は復帰を目指します」と口にすると、今度は「えっ？」と戸惑いの空気が流れた。

そうだよね。それってアリなの？　って思うよね。当然だ。私だって、母に言われるまで気づかなかったんだから。

すると、後輩選手の三浦成美から「いっぺんに言われすぎて、よくわかんないですー！」と力なく嘆かれた。たしかに、一度に伝える情報量が多すぎた。みんなが状況を受け入れて飲みこむまでには少し時間がかかっていた。

やがて、場が落ち着いてくると、同じく後輩の長谷川唯や清水梨紗らは「いいなぁ」「子ども欲しい〜」と口にした。その反応が、〝女性アスリートならでは〟だな、と思った。きっと私が通ってきたように、なでしこで全盛期を突っ走っている彼女らにとっては、結婚や出産は憧れていても「今じゃない」のだと思う。でも、一人の女性としての素直で純粋な気持ちだろう。

そんな様子を見て、かわいらしいな、と思うと同時に、私がチャレンジすることで、後輩選手たちに未来の選択肢を増やす手伝いができるのかもしれないと思うと、自分への期待もふくらんだ。

2年後に開幕を控えた女子サッカーのプロリーグ「WEリーグ」の理念には、まさに女性の活躍や、生き方の多様性が掲げられていた。

出産後に復帰することは、その理念の体現にもなるのではないかと思ったら、リーグの成功のために、というモチベーションがさらに私のなかに加わった。そしてたまたまだが、産後のスケジュールがうまくハマれば、復帰はちょうどWEリーグ開幕のタイミングになる。

もはや、完全に舞台は整えられた状態だと言ってもいい。もう追い風しかない。
私がやらなきゃ、誰がやるのか。

イワシの"サポーター"インタビュー②

本当なら心からおめでとうって言いたいのに！

竹中百合さん

――広報担当や強化担当を歴任し、日テレ・東京ヴェルディベレーザを長年支えているクラブスタッフの竹中さん。文字通り、陰になり日向になり岩清水さんを支える彼女が秘めた想いとは？

最初にイワシから「話があるから、ごはんに行きませんか」と言われたとき、引退するって言われるのかな、と直感したんです。どこか深刻そうな表情もしていましたし。このクラブで働いてきて、今まで何度もそういう場面には立ち会ってきました。女子選手というのは、モチベーションがプツッと切れると、結構あっさりやめてしまうんです。まだまだサッカーができるのに、なにかが自分のなかで変わったり、次の道が見えたりすると、決断が早い。男子はやっぱり生活もかかっているからか、やれる限りずっとやろうという選手が多いのですが、女子はわりとハッキリしています。だから、イワシもそうなのかな、と思ったら、話を聞くまで、いても立ってもいられませんでした。どうやって止めようか、と、ものすごく考えて会いに行ったのを覚えています。

話を聞けば、妊娠したとのこと。そのときは明確に「引退」とは口にしていませんでしたが、でも、チームから離脱することに変わりはありません。当時、チームの強化担当だった私は、とっさに「ヤバい、今シーズンここから、イワシがいなくなるの？　チームはどうする？　決勝、どうやって戦うの？」と頭がいっぱいになりました。だから、最初に彼女に謝ったんです。「あのね、本当ならすごい喜びたい。すごい喜びたいんだけど、イワシのチーム内での存在が大きいだけに、ごめん、素直に喜べないわ」って。あなたを失うことと、生まれてくる子どものことで、私のなかではバランスが拮抗してしまって、どうしようという気持ちが一番先に浮かんでしまう。本当ならよかったね、おめでとうって言いたいのに。本当にごめん、と一気に話したら、笑っていましたね。

本当は手放しで喜びたかったんです。「それなのに、こんなときだから喜べないじゃないか！」って、本人に怒りをぶつけるぐらい、うれしかったです（笑）。なにもないときだったら、男の子、女の子、どっちかな？　なんて話をしたかったのに、って。

チームにどう説明しようか、ということにも悩まされました。なにせ前例がない。ましてや、シーズンの真っ最中に主力の選手が、となると、やはり「無責任」だと言う人もいるでしょう。でも、私は長い間、責任感の強い彼女の姿を見てきました。だから、なにも考えずにこうなったとは考えにくい。今思えば、代表から距離が離れるって、しんどいだろうなとは思っていたけれど、まったくそんな素振りは見せなかったし、なによりベレーザでは主力中の主力だったので、「イワシは大丈夫」と思っていたんです。でも、やっぱり彼女はそのあたりから悩んでいたわけで、もっと私が話を聞いてあげていれば、という後悔と、一人で悩ませてしまって申し訳ない、という気持ちも正直ありました。

だから、出産後に復帰すると決まってからは、チーム内、特に上の人たちには「膝の前十字靭帯を切って、全治8カ月なのと一緒です！」と説明しました。怪我だって、突然起きる。だから妊娠したことも、同じじゃないのかもしれないけれど、怪我と同じ。「計画性がなかった」とか「防げた」とか言う人もいますけど、そうじゃない、と。当時、まだ現役選手の妊娠に対してプラスのイメージが多くなかったクラブのなかで、「考え方をアップデートさせましょう！」と言いまくりました（笑）。そのおかげかはわかりませんが、今では社内でも産休を取っているスタッフが常に何人かいて、それが普通になってきました。そういうときのことを考えて、女性のトレーナーも採用しました。イワシの件がきっかけで、会社の空気もちょっと変わってきたのかな、と思っています。

ただ、本人の意志がどんなに強くても、妊娠がわかった時点で、今後は誰もピッチには立たせないと決めています。今、考えればやっぱり、妊娠がわかったイワシが試合に出ることを認めてしまったのは、ちょっとおかしかったんだなとわかります。初めてのこと、そしてチームの〝宝〟でもある選手の強い意志。もしかしたらこれで最後かもしれないと思って、尊重しすぎたんでしょうね。毎日の練習もハラハラしていましたし、決勝でお腹にボールが当たったときは、思わず悲鳴をあげました。もしものことがあったら、と考えると自分が許せません。だからもう、次は絶対に止めます。

クラブでも初めてのことでしたし、いろいろ大変なこともありましたが、本当に貴重な体験をたくさんさせてもらいました。彼女が成し遂げたことは、スポーツ界でも一つの希望になったのかな、と思います。なので、まだまだママになったイワシにはチャレンジしてほしいです。

なにもかもが未知すぎてわからない！

散々、思い悩んで、一度はサッカーから離れる決心をしたり、でもやっぱり子どもを産んでからも続けることにしたり。そのあと、クラブには事実上の産休に入ると報告したり……我ながら、あの時期はなかなか濃密な1、2週間を過ごしたな、と思う。

クラブにも、チームメイトにも妊娠と産後の復帰の意思を伝え、改めてシーズン途中での離脱を心からお詫びした。そしてその日から、私はチームのトレーニングから離れた。

さて、離れたはいいのだけれど、産前のトレーニングって、一体なにから始めたらいいものなのか。

まだ、別にお腹も大きくなっていない。かと言って、安定期にも入っていない。どこまで動いていいのかな？　ゼーハーするまで脈は上げていいの？　重いものって、どれくらいままでなら持っていいの？　フィットネスバイクは漕いでもいいのかな？　お腹は張る？　張らない？

……わからない。まったくもってわからない。クラブのトレーナーさんに聞いても、初めてのケースなのでわからない。なにこれ、どうしたらいいの！

ひとまずは、以前、捻挫や怪我をしたときに、荷重をかけないようなリハビリメニューを何度か経験したことがあったので、それをおさらいするような形でトレーニングをすることにした。

そこから、私はとことん調べた。インターネットで、そして本で——そう、つまり自力だ。そもそも、どうやって情報を手に入れたらいいのかもよくわかっていなかったので、気になることがあると、その都度、手当たり次第に調べていた。

しかし、これは私の検索能力も関係するのだけれど、調べても、調べても、出てくる情報は当たり前だが「一般論」ばかりだった。大体は、転ばないように、とか、重いものを持たないで、みたいな常識的な情報になる。「やらないほうがいいこと」はいくらでも見つかるのだけれど、運動において「やっていいこと」がなかなか見つからない。

もちろん得た情報に準じて気をつけてはいたけれど、その直前まで試合に出てスライディングをしていたような特殊な妊婦には、すべてが「安静」に匹敵するような情報にしか見えなかった。

とにかく、情報がない。〝アスリート妊婦〟が産後を見越してトレーニングをするには、どうしたらいいんだ？

アメリカの選手はどうしていたんだろう？　あんなに子連れの選手がいるんだから、きっと産前プログラムなどがあるはず。それでもやはり、自力の検索ではまったくたどり着けない。また、その当時はＳＮＳもあまりやっていなかったので、それらしき海外などの情報に遭遇するといったこともなく、若干、途方に暮れていた。

だからと言って、なにもしないわけにはいかない。私には、出産後に戦線に復帰するというミッションがある。運動もせずに普通に過ごしていてはダメなのだ。

雲をつかむような手探りのセルフトレーニングは孤独だった。

基本すべてが恐る恐る。妊婦さんならみんな感じると思うけれど、まず「安定期に入るまで安静に」って、どのぐらいのレベルの「安静」なのかがわからない。だからすべてが自己判断だった。

重いもの持っちゃダメっていう人が、ダンベルを持っていいのだろうかと思いつつ、座ったままなら大丈夫かな、とか。腹筋は使わないほうがいいのかな、とか。できるだけ負荷をかけないで、足首や上半身のトレーニングをするなど、自分の知っている限りの知識をフル稼働させた。そんな恐る恐るのセルフトレーニングは、3カ月ほど続いた。

今になって思えば、第二子を出産しているような人は、十数キロもの第一子を、妊娠中も抱っこしたりしているわけで、そこまでナーバスになる必要はなかったのかな、とわかる。負荷だって、きっと思っていた以上に余裕だったはず。でも第一子って、本当に、教えてもらえないと、不安だらけで全然わからないのだ。

そんななか、ようやく安定期に入り、妊娠5カ月が過ぎたころ、なでしこリーグの年間表彰式があった。私は光栄なことに「特別賞」をいただいた。そのために式が行われる会場を訪れたとき、そこで、私にとって運命的な出会いがあった。

女子サッカー日本代表のドクターである土肥美智子先生とたまたまお会いする機会があり、先生から「JーSSで、産前プログラムみたいなのがあるから来てみたら？」と声をかけてくれたのだ。JISSとは、日本のアスリートの多くがお世話になっている、国立スポーツ科学センターのことだ。

「産前プログラム!」

まさかJISSに情報があったなんて。JISSに相談するなんて、頭に浮かびもしなかった。視界が一気に開けた気分だった。ずっと欲しかった情報! あぁ、うれしい!

後日、JISSにうかがうと、土肥先生から、同じく女子日本代表のトレーナーで、私も以前からなでしこでお世話になっていた中野江利子さんを、産前産後のトレーナーとして派遣してもらえるよう、日本サッカー協会に頼んでみてはどうかという提案をされた。先生の話によると、まだサッカー選手の事例はないが、他競技の選手の事例を参考にできる、とのことだった。そして今後また、サッカー選手からも同じ事案が出るかもしれないことも考えて、中野さんがJISSの先生と相談しながらトレーニングのメニューを作成し、定期的に私のトレーニングを見ることで、モデルケースにもなるから、とも話してくれた。

すべてを手探りでやっていた私にとって、願ってもない提案だった。まず、識者に頼れることで不安から解放されるのが、本当にありがたかった。しかも、私の経験が誰かの役に立つかもしれない。そう思うと、ピッチを離れていても女子サッカーに貢献できることがあるんだとわかり、幸せだった。でもなにより、一番うれしかったのは、もう一人じゃなくなること。がんばる、とは思っていても、やっぱり一人だけでトレーニングするのは心細いし、ずっと、すごく寂しかったのだ。

好きなものを好きなだけ食べられないってつらい！

以前に見たドラマやテレビ番組で、妊娠している女性が「お腹の子のためにもたっぷり栄養を取らなきゃ！」とか、「二人分食べないと！」とか言ったり言われたりしているのを目にしたことがある。てっきり妊婦さんとはそういうものなのかと思っていたけど、どうやらそれは迷信らしい。

妊婦健診で産科医の先生はハッキリと伝えてくれた。「栄養は取っても体重は増やさないでください」と。食べる量は一人分で十分だという。聞いていた話と違う。

妊娠すると、毎回健診のたびに体重を測る。当初、私を担当してくれていた先生から伝えられていたのは、「増えてもプラス10キロまで」。生まれてくる赤ちゃんが最終的に3キロくらいだとしても、あと7キロもある。元々、あまり太りやすい体質でもないし、めちゃくちゃ食べるほうでもないはずだし、まぁ大丈夫でしょ。そう思っていた。

幸いなことに、私は妊娠による味覚の変化もなかったし、いわゆる「食べづわり」もほとんどなかった。食べ物に関しても特にナーバスになることもなく、「生ものは避けよう」とか、一般的に摂取しないほうがいいと言われているものに気をつけるぐらい。基本的には好きなものを好きなように食べて、いつもと変わりなく過ごしていた。もちろん、栄養のバランスだけは気にしながら。それでも、定期健診のたびに体重を「プラス○○キロ」と測られるのは、なかなかのプレッシャーだった。

出産予定日のちょうど1カ月前に差し掛かったころ、おなじみの健診で体重測定をすると、いつの間にかリミットまであと1・8キロになっていた。先生はその数字を見るなり少し眉をひそめた。

「うーん……脂肪がたくさんついちゃうと、産道が狭くなっちゃうから、気をつけてね。プラス10キロを超えちゃうと、転院することもあるからね」

え……転院？　待って待って、それは困る。困りすぎる。実は、かかっていた産婦人科は、当時の自宅から徒歩で5分ほどの最高の立地。環境的にはなにもかも完璧で安心しきっていたけど、転院なんて考えてもみなかった。当然、私の頭の中は焦りでいっぱいになった。なんとしても、転院だけは免れたい！

よくよく考えれば、妊娠してチームを離れてから、当然ながら運動量は圧倒的に減っていた。なんなら、大して動いていない。それなのに食べていた量は妊娠前とほぼ変わらずだったわけで、そりゃ体重も増えるに決まっている。そこから、出産に向けての節制生活がスタートした。

しかし、これが本当にキツかった。振り返れば、今までサッカー選手として生きてきて、食事の量に比べて運動量が足りない、なんてことがなかったので、食事量のコントロールは初めての経験だった。

最初のうちは、現在の体重と運動量から大まかに算出して用意したごはんがあまりに少なくて絶句してしまった。だって、お米なんてお茶碗にちょこんとのっているレベルで、全然食べた気がしないんだもの。しかも私の脳には、すでにアスリートの食事量でインプットされているからか、なにを食べてもまったくもって満足感が得られない。お腹いっぱい食べられないことが、こんなにもつらいなんて……。満腹になりたいのに……。こんなことなら、序盤から食べる量を少しずつ減らしておけばよかったよ、と後悔が募った。

定期健診は、出産予定日1カ月前から週1回の間隔になっていた。つまり、今や恐怖となった体重測定も週に一度ということだ。節制を始めて最初の測定ではプラス400グラムだった。そして、その次の週はプラス600グラム……。緩やかに、でも着々と増えていく数字に焦りは増すばかり。グラム刻みでカウントダウンされるのは、なんとも生きた心地がしなかった。

元々、好きなものを遠慮なくいただくというスタイルだった私にとって、ひたすら欲望と戦う日々は、思っていた以上にしんどかった。大好きなコンビニスイーツやお菓子も我慢。野菜を多めに。糖質量は減らす。ここにきて、ある意味ストイックなアスリートになった気分だった。そして心から思った。あぁ、好きなものを好きなだけ食べられないってつらい!!　こんなにつらいなんて!!

結局、なんとか転院は回避することができた。出産前、最後の母子手帳の記録には、グラム単位まできっちりギリギリの、「プラス10・00キロ」の体重が記された。危ないところだった。

イワシのリアル・日記
特別公開！

From Diary

あの日の3行日記

2019.9.30.

健診。無事に安定期へ。
けど、3キロ増で
注意された…。

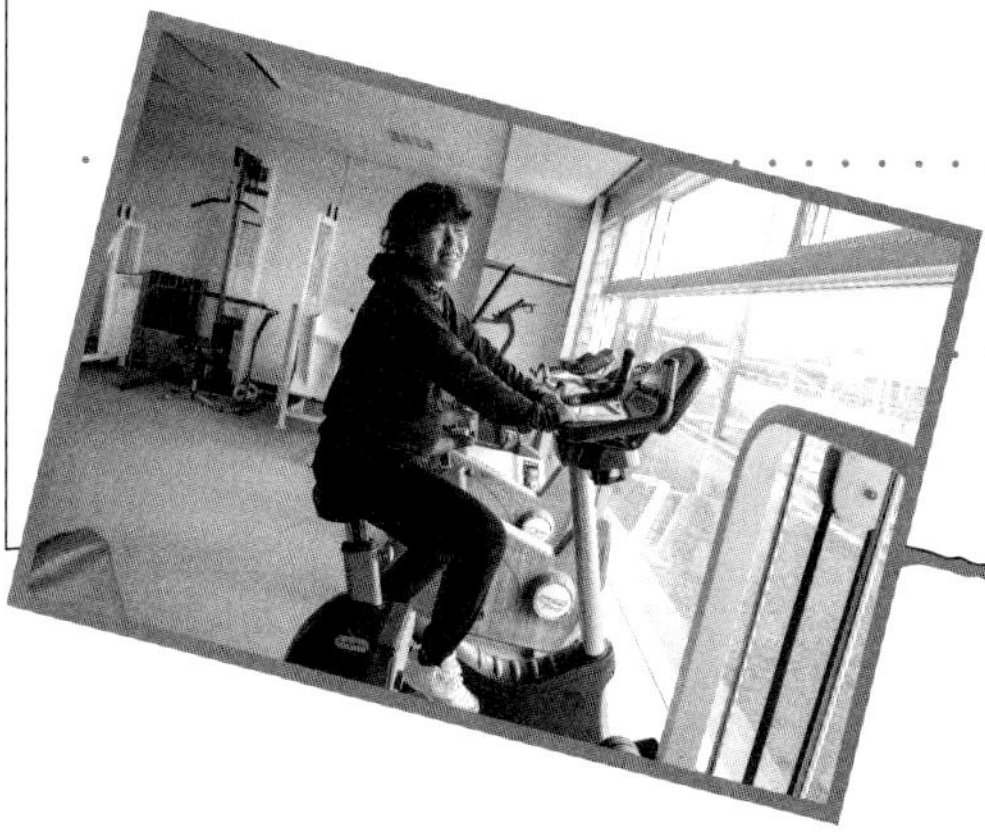

意外と寂しい、産休期間

つまらない。退屈だ。……というより、なんだか少し寂しい。

休みというのは、たまにあるからうれしいし、楽しいんだな。というのも、完全にチームを離れて産休に入ってからの日々は、思っていたよりもちょっとだけ憂鬱だったのだ。

出産予定日まで、いよいよあと1カ月になったころ、私は産休に入った。

それまでは、チームの練習日に合わせて、基本的には火曜から金曜までは普通に出社して働き、夕方からはチームの練習と同じ時間に合わせて個人トレーニングをしてから帰宅する、という生活を送っていた。

しかし、産休に入ってからの生活はといえば、ただずっと家にいる毎日。産休ってそういうものですよ、って話なのだけど、急な環境の変化に、なんだか一人、取り残された気分になってしまったのだ。

これまでの人生で、こんなに家にいたのは初めてのことだった。元々、忙しくしているのが好きなタイプだ。シーズンオフの時期でも、遊びに出かけたり、旅行をしたり、外に出て自主トレをしたりと、体調でも崩さない限り、休みの日に丸一日家にいることはほとんどなかった。ましてや、何年か前までは、それこそ代表とクラブの両立で、自分の時間が取れないほど激しいスケジュールをこなしていたわけで……。

それなのに、産休となると、いつ生まれるかわからないから、基本的にはあまり出かけることができない。もちろん、それが当然なのはわかっている。ただの〝お休み〟じゃないことは、重々わかっているんだけど……。ずっと家にいたことなんて、ほとんどなかったから、なんでこんなに家にいなきゃいけないの？　って思っちゃう自分がいたりして。

とりあえず、赤ちゃんはきれいなお家にお迎えしなきゃいけないな、と思い掃除をしてみる。急な入院や、産後に備えての準備をする。それなりに、やることはあるのだけれど、やっても、どこか気持ちが満たされない。

そんなあるとき、友人から「生まれたら、しばらく一人の時間なんて取れなくなるから、今のうちに一人の時間を楽しんだほうがいいよ」とアドバイスされた。

たしかにそうかもしれない。それならば、と何度か近所の飲食店におひとりさまランチに行ってみた。食事はおいしかった。でも、気持ちが満たされたかといえば、特にそんなこともなかった。普通だった。実際にまだ一人のときに、一人の時間の貴重さを感じ取るのは難しかった。

そういえば、会社に出ているときはいい環境だったな、と思いを巡らす。

会社に行けば、やらなければいけない仕事もあって、周りのスタッフとおしゃべりもできた。仕事が終わればチームメイトのみんなと会えて、一緒にサッカーはできなくとも、その彼女たちの隣で自分もトレーニングに励むことができた。

そうか、私がモヤついているのは、「人と関われないこと」と、「運動ができていないこと」が原因なのか、と気づいた。そもそも、私は団体競技の人間だ。いつも誰かしらが周りにいる環境で仕事をしてきたせいか、なにもせず一人でいる時間が長いと、孤独を感じてしまうタチなのかもしれない。その上、職業はアスリートだから、体を動かさずに家でじっとしていることが性分に合わないのは言うまでもない。そりゃあ満たされないわけだ。

じゃあせめて、家の中で体を動かすのはどうかしら？　トレーナーの中野さんから受け取った産前用のトレーニングメニューもあるわけだし、とも考える。

でもアレって不思議なもので、家だとやる気が起きないんですね。やっぱり、トレーニングルームに行かないと、動く気にすらならない。家だと全然ダメ。

一度、ソファに埋もれたら、もう最後。お腹が大きいから動きたくない。こんなにも気持ちは運動することを求めているのに。気分をリフレッシュできるって知っているのに。

アスリートだからって、臨月までストイックだとは限らないのだ。

そう自分のなかで言い訳と鬱屈した気持ちとをない混ぜにしながら、私はどっぷりとソファに身を沈め、時が来るのを待ちわびるのだった。

イワシのリアル日記
特別公開！

From Diary

あの日の3行日記

2020.2.16.

1日中 家にいた。

仕事もしたりして、
片付けたり。

Chapter.3

32時間の難産

いざ！　陣痛！

それは予定日当日が、もう終わろうとしているころに訪れた。

夜の11時ごろ、夫と「今日はなにもなかったね～」と話し、寝る準備をしているときだった。なにかあったら、すぐにいろいろな対応ができるように、と二人でリビングで寝ようとしていると、「ん？　なんだか痛くなってきたかも？」という気配をうっすら感じた。とはいえ「まぁ、でも違うかもしれないよね」と、いったん布団に入ると、そこからしばらくは痛いような、違うような、といった時間が続いた。ところが、夜中の1時ごろ、明らかな痛みが走ると、そこから急に「間隔」がハッキリとわかるようになった。

うん、これはもう完全に陣痛だ！

病院に連絡をすると、「もう少し間隔が短くなってきたら、また電話をください」と言われたが、もはや断続的な痛みになっていた。これ以上、間隔が短くって……絶えず痛いってこと？　そう思うと、少し怖くなった。

そして、時計の針が午前1時30分を回るころ、痛みの間隔は10分を切るようになっていた。最初に明確な痛みを感じてから、約1時間。もうすでに自分の体感では、間隔などないに等しかった。一応、インターバルを測ってみようとするも、もう痛い！　もう痛い！の繰り返し。全然、間隔なんて空いている気がしない。ついに我慢できず、2時前に病院へ2度目の電話をすると、「じゃあ来てください、検査してみましょう」と言われ、いざ出陣。

しかし病院までがまた、なかなかな地獄の道のりだった。

病院は自宅から徒歩5分もかからない場所にあった。おかげで車を呼ぶわけにもいかず、私たちは歩いて病院へ向かった。臨月のお腹で歩く歩幅は、思っている以上に小さくて、速度も遅い。さらに痛みの波に合わせて、足が止まる。何歩か歩いては、夫に「待って、待って、待って！」としがみつき立ち止まる。痛みが過ぎ、大きく息を吐くとまた少し歩く。そしてまた止まる。一向に前に進まない。たった5分もしない距離が、限りなく遠く、果てしなく感じた。というか、今考えるとその状態でよく歩いたな、と思う。

無事になんとか病院に到着し、検査をしてもらうと、陣痛の間隔が3分おきになっていたため、そのまま入院することになった。

ついに出産か！　頭のなかではそう思っていた。ところが、そのまま「痛い、痛い」と言い続けて……陣痛だけで24時間以上、出産まではまさかの32時間。このときは、そんなことになるなんて、想像もしていなかった。

夜中の2時に入院してから、その日は丸一日、〝陣痛デー〟となった。3分間隔で、痛くて苦しんでいた陣痛も、日中になると間隔が広くなってきて、痛みが少し落ち着いた。私はてっきり、痛くなったら、そのまま一気に出産までいくとばかり思っていただけに、この引っ張られ方は予想外でつらかった。しかも、陣痛の間隔が空いてきたからといって、痛いものは当然、痛いまま。そのうえ、痛みのせいで前日から一睡もできていない。ふと、隣を見ると夫も同じで、あまりの眠さに彼の顔から表情は消えていた。二人して、眠気で時折朦朧としながらも、長い陣痛の旅はまだ続いた。

夜になると、今度こそ本格的な陣痛がやってきた。間隔も短くなり、とにかく痛くて仕方がない。日にちが変わるころには、痛みはさらに激しくなっていた。

しかし、こんなに痛いのに、子宮口はまだ全然開いていないという。一体、何時間これをやっているんだろう。そう思うと、急に心が折れた。もう、無理だ。ひたすら痛みに耐えるだけで、ゴールが全然見えない。

あまりの痛さに、私はある決断をした。

「もう、無痛分娩にしてください！」

当初は自然分娩の予定だったが、これはもう我慢ならない。痛すぎる。早く楽になりたい……。

すると、看護師さんからこう返ってきた。

「7万円になりますけど、大丈夫ですか？」

即決だった。振り返っても、今までの人生であんなにもさっさと7万円を使ってくれと思ったことはなかったと思う。普段だったら、絶対渋っていた。でも、それでこの痛みから解放されるならと思うと、なんの躊躇もなかった。

無痛分娩の処置はすぐに行ってくれた。背骨に無痛の麻酔を注射されたが、陣痛に痛覚はすべて持っていかれていているから、注射の痛さは気にならなかった。ただ、1本打ってもなかなか効かない。その後、さらに2本、3本、4本と打ってもらったけれど……まったく効く気配がない。

聞けば、どうやら痛みが出る前に処置をしておかないと、しっかり効かないのだという。ここにきて効かないとは……！　なんで先に教えてくれなかったの！　猛スピードで7万円をドブに捨てちゃったよ！

そうこうしているうちに、窓の外は明るくなっていた。入院してから、そろそろ30時間が経とうとしていた。

イワシのリアル日記
特別公開！

From Diary

あの日の3行日記

2020.3.3.

3:00くらいに痛すぎて
無痛分娩にきりかえた。
しかしほぼ効かず…7万円…。
9:05出産！2614gのかわいい子
がでてきたー♥

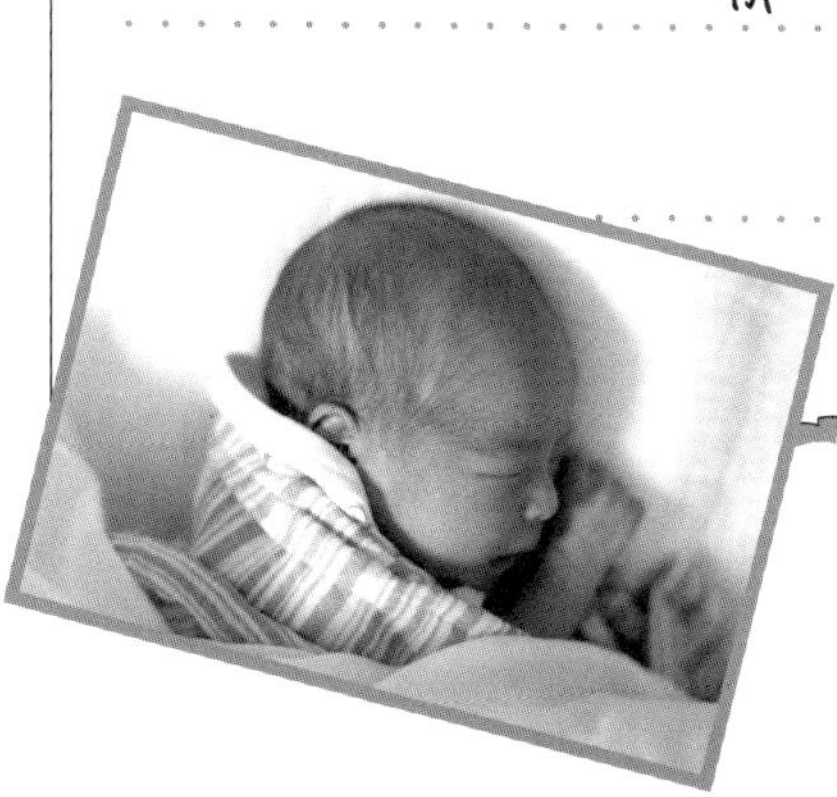

32時間戦った人と32時間応援した人

出産とは、「生まれてきた我が子を見た途端に、感動で涙を流すもの」だと勝手に思っていた。

テレビのドキュメンタリーなんかでも、感動の出産シーンというものを何度も見ていたし、出産前は、てっきり自分もそうなるのだとばかり思っていた。

「生まれましたよ！」と、看護師さんが取り上げた赤ちゃんを、股の間から見せてくれた。どう考えても人生最大のクライマックスだ。

それなのに私の返事は「あー、はい……」と力ない。

正直に言うと、そのとき生まれたての息子を、私はちゃんと目視していない。大仕事の後で気が遠くなっていて、それどころではなかったのだ。すると胸元に、なにやら重さと温かさを感じ、急に我に返った。

「うわ！　え？　あ、そうだ、生まれたんだ！」

看護師さんが、ポンと胸元に乗せてくれたのは、生まれたての息子だった。

白状すると、産んだ瞬間は「はー！　終わったー！」という達成感と極度の疲労と眠気しかなかった。それだから、実は一瞬、子どもを産んだことを忘れてしまったのだ。自分でもひどい話だと思う。本当ならば「やっと会えたね……！」とか言いながら、涙の対面を果たす予定だったのに、現実はもう疲れちゃって、疲れちゃって。それもこれも全部、あの32時間にも及ぶ陣痛のせいだ。

1日前の夜中の2時に入院してから、唸り続けること30時間。なかなか子宮口が開かず痛みにだけ耐え続けていたが、朝方7時過ぎにようやく「分娩台に行きましょうか」と促された。いよいよその時が来た、と思った。ところが、子宮口の開きはまだもう少しで、夜勤と朝のスタッフの交代があるから、先に分娩室に入っておいてほしい、ということだったらしい。「そんなパターンもあるのか」と心のなかで思いながら、とりあえずヨロヨロと分娩室へ向かった。

子宮口もまだ十分に開いていないのに、分娩台に乗ると、自然とイキみたくなった。不思議。でも勝手にイキんではいけないと、夫に腰をサポートしてもらいながら待つこと、40分。その間、スタッフは誰一人来ない。……いや、ちょっと待って。40分って、長くない？　そううっすらと思いながらも、陣痛の痛みで頭はすでに働いていない。朦朧とするなか、ガランとした分娩室で夫と二人、誰かを待ち続けた。

そんななか、ついに痛みも限界を迎え、我慢できずにイキみだしてしまった。痛すぎると、勝手に出そうとするのは体の本能か。止めたいのに、止まらない。まだ先生からゴーサインも出ていないのに、もう無意識だった。

そうこうしていると、ようやく先生が登場。子宮口はまだそこまで開いていないと聞いていたからか、「え？　もうここにいるの？」と戸惑いつつも確認すると「あれ、もうすぐじゃん！」と驚かれ、そのままバタバタと出産タイムに突入した。

出産時の痛みは、もちろんあった。今になって思えば、当然めちゃくちゃ痛かった。そして即決で払った7万円の無痛の麻酔は、おそらくほとんど効かなかった。でも、私のなかでは、ゴールが見えている痛みは、それまでの先の見えない陣痛の痛みに比べれば、数倍楽だった。

分娩は、一度のトライではなかなかうまくいかず、いったん中断し、体を横にしてまた時が来るのを待った。再度トライの指令が出る。次で決めたい。というか、もう出してしまいたい。イキむのにも今まで以上に力が入った。

「んあ――――!!!」

すると看護師さんから「声を出すと力が入らないんで、抑えてください!」と注意された。え? そうなの? と一瞬、冷静になる。いやいや、力を入れるときって声が出るでしょ。アスリートなら当たり前。重いものを持ったり、力強くボールを蹴ったりするときは絶対に声出るし! と、またイキむのに思わず声が出る。しかし注意される。また声が出る。注意される。これを何度か繰り返し、ついに頭が現れた。そしてそのまま、最後は赤ちゃんがスルンと抜け出てくれて、ようやくフィニッシュ。そこには感動よりなにより、ただただゴールした達成感しかなかった。

陣痛で入院してから、実に32時間。2020年3月3日、午前9時5分。ついに長い出産の旅は終わったのだった。

控えめに言っても、壮絶な出産だった。

出産後、赤ちゃんの検査や自分の点滴などがあるということで、1時間ほどそのままの状態で分娩室に横たわっていた。

そういえば、あともう少しで生まれるというときに、頭の上で夫が「もうちょっとで帰れるぞ！」と私に声をかけていたな、と思い出す。ふと、分娩台から夫の顔を見上げると、夫もまた、感動のシーンの涙などはなく、とにかく疲れ切った顔をして、精気などはどこにもなかった。そりゃそうか、32時間、一緒に起きてくれていたんだもんね。ぼんやりした頭で思った。私はまだ、陣痛の当事者で、痛いのもあって眠くても寝られなかったけれど、夫は付き添いながら、ひたすら睡魔と戦っていたわけだ。そりゃ「帰れるぞ！」って言っちゃうよな、と今思い返しても笑ってしまう。

ただ、改めて夫が陣痛からずっと立ち会って、サポートしてくれたのは、本当によかったと思っている。私の出産時は、ちょうど新型コロナウイルス感染症が流行し始めた時期で、このときはギリギリ、親族までは病院に入ることができていた。こんなにも長時間の痛みに、もし一人で直面していたらと思うと、到底耐えられなかった。コロナ禍にやむをえず、病院で一人で出産をした方は、さぞ心細くてつらかっただろうと思う。

「じゃあ、歩いてお部屋へ戻りましょうか！」と看護師さんが迎えに来た。

「歩く……？」一瞬、思考が固まる。車椅子じゃないの？

考えてみたら、分娩台に移動するときも、陣痛が激しいのに歩いて移動だったな、と思い出す。これは母親になるための試練なのだろうか？　よくわからないが仕方なく、フラフラと歩いて部屋まで移動した。途中、貧血で何度か立ち止まったり、耳鳴りもすごかった。これに関しては、今振り返ってもやっぱり車椅子が正解だったのでは、とちょっと思っている。

なんとか部屋にたどり着き、ようやくひと息つくと、そのまま私と夫はベッドに勢いよく倒れこんだ。妊婦のためのベッドで、二人で死んだように眠った。32時間ぶりの睡眠だった。

しかし、本当に長い戦いだった。ありがとう、戦友。いや、新米パパさん。

不安と闇

退院の日の朝は、涙が止まらなかった。

陣痛が始まってから、5日間の入院を経て、ついに自宅へ、生まれたばかりの我が子を連れて帰るときが来た。

病院は、出産後にもいろいろな形でケアをしてくれた。先生が息子を見ていてくれているところで「あれ、なんですか?」「これはどういうことですか?」と実践的なことを聞くことができて、レクチャーをしてもらえたり、眠れないときは夜中に子どもを預かってくれたり。なにか気になることがあればなんでも相談ができて、すぐに対応してくれて、わからないことだらけの私には、すごく心強かった。

その日の朝も、泣き止まない息子を先生があやしながら落ち着かせてくれた。その光景を見ていたら、涙が止まらなくなってしまった。

退院するということは、その環境から卒業するということだ。

もう、先生たちはこの先、私のそばにはいない。そう思うと、強い不安感に襲われ、涙がこぼれた。

子どもを抱き、先生方に挨拶をして、病院を出る。病院から自宅までは、歩いてたったの5分。この5分は陣痛が始まって病院に行くときも、すごく遠く感じたけれど、子どもを抱いての帰り道の5分は、さらに遠く感じられた。

骨盤が開いているせいか、腰がとにかく痛かった。そんななか、腕に抱えた小さな体温を感じながら歩いていると「あぁ、これからはこの子を守るのは自分なんだ」と実感させられた。

病院にいたときにはふんわりとしていた現実が、家が近づくにつれて、どんどんはっきりとした輪郭になっていく。

私は親になったんだ。

その日の夜は、腰の痛さと、子どもへの責任感と不安とで、結局、一睡もできなかった。

小さな息子は、本当にかわいかった。10カ月間、ずっと会えるのを待ちわびていたんだもの。毎日、我が子の姿を見ては、何度も何度も幸せを感じていた。

……トータル1時間ぐらいは。ぎゅっとしたら、きっと24時間のうちの1時間くらい。残りの23時間は、正直「つらい！　しんどい！」だった。

退院してからしばらくは、不安とプレッシャーに押しつぶされそうな日々が続いた。初めての子育てで、なにが正解かわからない。だから小さなことでもすぐに気になってしまう。ミルクの量はこれで足りているのかな？　母乳は出ているのかな？　なんで泣いているの？　とか。そしてなにか引っかかるたびに、自信のなさから「自分が本当に育てられるんだろうか」「自分で大丈夫なのか」と、いちいち不安が増幅していく。いわばネガティブなゾーンに入ってしまったのだ。

だから、退院してからの最初の2週間は、私のなかでは「闇」の気分だった。

今考えれば、産後の自分の体の変化と気持ちが追いついていなかったんだと思う。そこにこれまで感じたことのない強い責任感とプレッシャーが加わり、精神的に不安定になってしまっていた。

やはり、産後の体は思っていた以上にボロボロで、体力的にもまだ回復していないなかで自分の睡眠が思うように取れていないことも、ネガティブな思考を作ってしまう一因だったように思う。

寝てくれない子どもに、おっぱいを飲ませて、おむつを替えて、やることは全部やったはずなのに、全然、寝てくれない。なんで？　なんで寝てくれないの？　寝てよ。

睡眠が足りない自分の体もキツいから、余裕がなくて、どんどん追いこまれてしまう。それでも「放棄できない。絶対に放棄できない」とプレッシャーをかける自分もいて、気持ちが八方塞がりになる。悪循環だった。

「この子を産んだのは私。この子には私しかいない」

不安だから、わからないから、一人で全部を背負おうとしてしまう。だから余計に自分が孤独に感じる。気持ちがいっぱいいっぱいになって、一人のときに何度も泣いた。


ある日、夫に弱音を吐いた。

自宅で猫を飼っていることもあって、そのころは私と息子が寝室で、夫と猫は別室で寝ていた。夜中にギャン泣きする息子と一対一の空間。すると、急に孤独感に襲われ、私も一緒に泣いた。

翌朝、夫に「しんどい」と打ち明けると、「だったら、みんなで一緒に寝たらいいいんじゃない？」と言われた。そうだ、みんなで寝ればいいいんだ。

わからないから、あえて苦しい選択をしてしまっていることに、気づいていないこともある。

夫の言葉で、もう少し周りに頼ってもいいんだった、と我に返った気分だった。

イワシのリアル日記
特別公開！

From Diary

あの日の3行日記

2020.3.7.

退院日。なんか涙が止まらなかったなー。朝方も泣き止ませてもらったり。
退院して徒歩で帰宅だけで骨盤がひらいたせいか、腰がめっちゃ痛くなった。
夜中は一睡もできず。

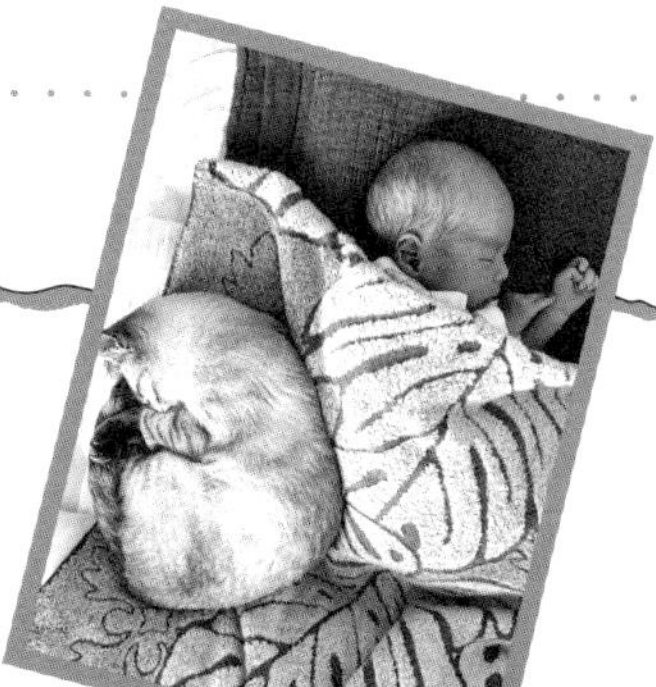

眠れないのがつらい！

人間の三大欲求は「食欲・睡眠欲・性欲」だという。他にも生活していくうえで、人それぞれに欠かせない「欲」があると思うけれど、私の場合は、ぶっちぎりで「睡眠欲」が優勝だ。

妊娠中、体重のコントロールのために食べる量を制限していたときはつらかったけれど、今となっては、そんなのは「つらさレベル」で言ったら全然大したことなかったな、と思う。産後の眠れない状況のしんどさは、正直、比べものにならなかった。

出産後、退院して、ついに新しい家族を迎えての生活が始まった。

すべてが初めてのことだし、慣れないことだらけで大変になることは十分に覚悟していた。ただ、そのなかでもどうしても譲れない、というか、想像以上につらかったのが「睡眠」だった。

私は今まで、アスリートとして、なによりも睡眠を大事にしてきた。睡眠による身体の回復は、自分でもかなり気にして追求してきたクチで、睡眠時間や睡眠の質にはだいぶこだわって生活をしていた。

しかし、その私の〝生命線〟とでも言おう「睡眠」が、子どもが生まれたことにより、大きく変わった。

赤ちゃんがなかなか寝つかないとか、夜中に何度も起きてしまうということは、もちろん予習済み。しっかり覚悟だってしていた。アスリートだし、体力にだって自信がある。どうにかなるはずだ、と。

それなのに、いざそのときを迎えると、「え？　こんなに？」と愕然とした。

毎晩、赤ちゃんがなかなか寝つかず、苦戦するところから就寝タイムの幕は開ける。その後、なんとか寝かしつけに成功し、私もようやく寝られる……と意識が遠のき出したころに、見計らったかのごとく、ぐずってお目覚めに。ならば、と私も起きて授乳をし、おむつを替えて、今度こそ寝てくれたかな……と、こちらもウトウトしていると、また再びそのときはやってくる。それが1、2時間おきにルーティン化し、朝までエンドレス状態。

当然、私がまとまった睡眠を取る時間などない。

というか、赤ちゃんの睡眠の仕組みってどうなってるの？　と思うほど、新生児の最初のうちは、かなり細切れで寝るので、それに合わせていると、こちらの睡眠はどこまでも「仮眠」の状態だ。

元々、1日8時間以上は睡眠時間を確保していた私にとって、これが想像以上にキツかった。

この「睡眠不足」が思いもよらず、私の病み上がりに等しい身体と、心まで蝕み、やがてストレスになっていく。当時、夜中に何度も涙がこぼれたのは、きっとそのせいだ。

そこで改めて感じるのだ。眠れないって、こんなにつらいのか、と。こんなことなら、「細切れ睡眠」のトレーニングでもしておくんだった、と思わずにはいられない。でも逆に、練習もしていないのに、少しでも子どもが小さく「ふん！」と言っただけでも、パッと目が覚めるのもまた不思議。勝手に母親のスイッチが入ってしまうみたいで、結果、もうどうしようもない。

だから、少しずつまとまって寝るようになってくれたときは、本当にうれしかった。

細切れだったのが3時間おきになってきた、とか、今日は夜中に2回しか起きなかった、とか。寝るときにミルクを2本作って寝室に持って行き、枕元に並べる。翌朝、空になったボトルが1本だけなのを見たときは、ついに1回になった！　と感動した。そうして、子どもの成長を少しずつ感じられると、わかりやすいもので自分もどんどんポジティブになっていった。まとまって8時間までは寝られないまでも、足りない睡眠を「慣れてきた」と割り切れるようになった。そしていかに睡眠が大事かを、改めて思い知らされた。やっぱりある程度はちゃんと寝ないと、身体も心も回復しないのだ。

幸いなことに、息子はあまり夜泣きはしないタイプだった。なので、多少まとまって寝るようになってくれてからは、私も昼に活動しようという気持ちになれたし、現にそのころから産後のトレーニングを始めている。

でも、もしこれがものすごく夜泣きをするタイプの子だったらと思うと、昼間に体を動かすことなんてきっと無理だったはずだ。しんどすぎて。これもまた個人差があるので、やはり実際に生まれてから直面しないと、子育てとは本当にわからないことだらけだ。

そういえば、クラブでトレーニングを再開してから、男子のトップチーム（東京ヴェルディ）の選手と話していたときのこと。なにげなく「子どもが風邪とか、なにか病気にかかったりしたときって、どうしているの？」と聞いてみると、「別の部屋で寝ている」と返ってきた。体が資本の仕事だけに、ホテルに一人で泊まるなどの対策をすることもあると聞いて、これがパパとママの違いか……！　と静かに唸ってしまった。お母さんは、多分それはできない。体調が悪い子どもこそ、お母さんがそばにいて初めて安心するはずだから。もちろん、やむを得ない場合はあるにせよ、基本的には無理だろうなぁ……。そう思うと、強いられていなくても、母親にしかできないことが多くあるのは事実だな、と知る。

パパが抱っこしたら「パパじゃない！」というパターンなんかは典型だろう。心のなかでは「頼む！　パパに甘えてくれ！　ちょっと休ませてくれ！」と思うけれど、それがお母さんの特権でもあると考えると、いつの間にか「やっぱりママだよね～」なんて、ちょっと得意気になっている自分もいる。

結局は、泣くほどつらかったことも、過ぎ去ればいい思い出。こうして母親はメンタルも体も強くなっていくのだろう。

しかし、一つ落ち着くとすぐに次の難題がやってくるから、子育ては本当に大変だ。

睡眠については目下、「朝、早すぎる子どもの起床」という問題に取り組んでいる。

緊急事態宣言と育休

2020年の出産直前、得体の知れないなにかが、世界で始まってしまった。そもそもそれまでの妊婦生活、出産、育児と、初めての経験で未知なことだらけで、ずーっと不安なのに、全世界を震撼させるウイルス登場ってなに？　怖すぎる。

しかも妊娠中は、自分一人の体ではない。お腹の赤ちゃんになにかあったら……と、世界中の妊婦さんが、二人分の不安を抱えて過ごしていたはずだ。本当に、なにがなんだかわからないのが、とにかくあの時期は怖かった。

その憎き脅威、新型コロナウイルス感染症のせいで、想定していた産後のシチュエーションとは、だいぶ予定が変わってしまった。でも、だからと言って、すべてが悪いことばかりでもなかった。

本当のことを言えば、出産後、入院している部屋に友達やチームメイトがお祝いに来てくれて、みんなに息子を見てもらう、という光景を思い描き、楽しみにしていた。しかし実際は、臨月のときにはすでに、病院を訪れることができるのは親族だけ、とお達しがあった。残念だな、とは思ったけれど、予定日がほんの1カ月でも後ろにずれていれば、夫は出産に立ち会えなかったわけで、それはそれで運がよかったと思っている。

どこからどう感染するかわからない。人と会うのが怖い。そんななかで、夫の仕事が緊急事態宣言の影響で早々に自宅待機となったことは、産後の私にとっては助かったことの一つだった。

元々、夫は育児休暇を取る予定は立てていなかった。仕事柄、午後からの出勤が多かった夫は、通常勤務時でも日中は自宅にいることができたので、特に育休を取る必要もないと考えていた。

でも、いざふたを開けてみると、産後はやっぱり大変だった。それは私の体と心のバランスのことだけではなかった。子どもに対してなにかしら決断しなければいけない場面が多く、その都度「これで合っているかな?」と不安に駆られていた。ましてやコロナ禍である。不安だらけの状況で、自分一人ですべての決断を背負うのではなく、相談できる相手がいるというのは、とても心強かった。これがなんでも一人で決めなければいけない環境だった場合、子どもに対する責任感は必要以上にふくれ上がってしまい、どんなに些細なことでも、一人だったらきっと追いこまれてしまうし、「なんで私だけが」と思っていたかもしれない。そうでなくても、その一歩手前ぐらいには私もなっていたわけで。もしかしたら、世の中の多くのママは、通常時は一人で乗り越えているのかも、と思うと、自分はまだ弱いな、とも思う。

初めての子育てなのは、母親も父親も一緒。わからないことやつらいことを、素直に話して共有するということは、改めて大切なことだと学んだ。

そうは言っても、これも振り返ればそうだったな、という話。正直なところ、そのときは、夫がそばにいてくれる重要性はそこまでわかっていなかったし、当たり前、もしくは「いてよかったな～」ぐらいにしか思っていなかった。

ただ、育休は1カ月でも取れるものなら取ってもらいたいな、と今なら思う。「人と話せる」って、やっぱり大事。普段の生活や仕事でだって、なにかしら不満や愚痴は出てくるわけで、そういうときの一番の発散法は、誰かに話して共有してもらうことだったりするから。

特に新生児の一番大変な時期はなおさらだ。どんなにかわいい我が子でも、ずっと一対一は追いこまれるもの。

もしコロナ禍でなければ、夫と産後に四六時中を一緒に過ごすことはなかった。一人でがんばりすぎて、当時よりもっと追いこまれていたかもしれない。そう思うと、不謹慎かもしれないけれど、ほんのちょっとだけ緊急事態宣言に感謝してしまう自分がいた。パパは期間中、我が家の夕食担当もしてくれたし、ね。

イワシのリアル日記
特別公開！

From Diary

あの日の3行日記

2020.3.23.

朝方、ダンナはリビングで
寝てて セイゴはギャン泣き。
孤独で泣いた。
ダンナの抱っこひもが
バツグンに寝てくれる！

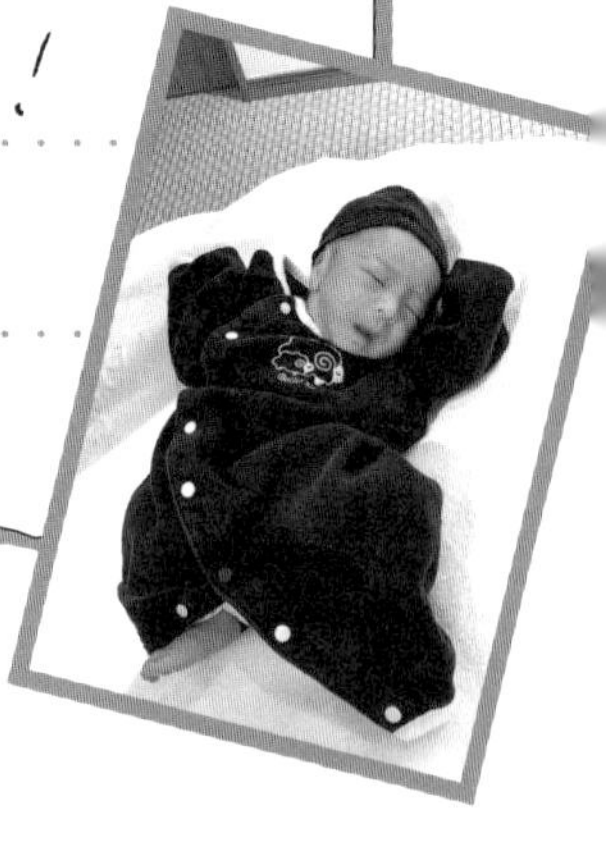

Chapter.4

“職場復帰”への道

アスリートでもつらいものはつらい

外に出たい。遊びに行きたい。運動したい。そういう気持ちが自然と湧きあがるときは、きっとあらゆることに余裕があるときだ。時間、心、体力。そのすべてに余裕がなければ、そんな欲求は出てこないはず。多分、頭に浮かびすらしない。だって現に、いつも外に出て体を動かしていた私が、出産から2カ月ほど経つまでは、そんなことを1ミリだって考えもしなかったのだから。

芸能人の方が、産後3カ月ほどでテレビに登場しているのを、今まで何度も目にしてきた。しかし、自分が出産を経験して思う。

「一体、どうなってんの？」

正直、信じられない。体形もシュッとして妊娠前と変わらず、なんなら「すでにドラマの撮影に入っています！」とか言っていたりする。

いやいやいや！　ありえない！　そんなことできるわけがない！　私、長年アスリートをやっているけど、絶対に無理！　だって、そうじゃない？　私、最初の1カ月はほとんどパジャマだったし。

まず、体調うんぬんは置いておいて、心やメンタルが復活するのには、結構な時間がかかると思っている。自分の、元にいた場所へ戻るためにアクションを起こすには、自分にベクトルを向ける必要がある。でも私は、その矢印が自分に向くまでに約2カ月かかった。だってもう、子どものことすべてと、自分も母親になったことを自覚していく作業に、必死すぎて。

私の職業も体が資本な上に、団体競技だ。周囲に迷惑をかけないためにも、自分のためにも、できるだけ早く現場に戻りたい気持ちは、妊娠して、現役を続けると決意したときからずっと持ち続けていた。持ち続けていた……けれど、やっぱりそんなに簡単にはいかなかった。

息子を産んでから最初の1カ月は、慣れない育児の疲れと睡眠不足で〝闇のなか〟を歩いているようだった。目の前のことをこなすのと、自分の心が壊れないように踏ん張るので精いっぱい。恥ずかしながら、自分の職業であるアスリートの「ア」の字も思い浮かんではこなかった。

産後、初めての外出は、1カ月健診のときだった。着ていく服を選んではみたものの、入る服がまったくなくてビックリした。なんだか体はブヨブヨしていて、締まっていないし、骨盤が広がっているのが自分でもわかった。だから今まではいていたジーンズがどれも入らなかったのは、やっぱりショックだった。

「体、動かしたいなぁ」

ようやくそう思い始めたのは、出産から2カ月が経とうとしているころだった。しかし、仕事に復帰する、ということを見据えてではなく、ただ単純に、体を動かしたいだけ。でも、私の場合はそれが最終的に仕事になるので、その「動かしたい」という感覚になったのが、復帰への道のスタートでもあった。

この「通常運転のころに戻したいな」というタイミングには、個人差がすごくあると思っている。たとえば、私よりも後に現役のまま妊娠、出産し、ジェフユナイテッド市原・千葉レディースで復帰した日本代表の後輩である大滝麻未さんは、しっかり産後3カ月後にはピッチに立っている。彼女の話によれば、出産1カ月後から、体にムチ打って走ったそうだ。とんでもない。すごすぎる。

でも、それができる人もいれば、私のように1カ月も引きこもった人もいる。出産は、年齢や、体質、性格、また時期などで、体や心に受ける衝撃はまったく違う。だから、その後の経過や状況だって一人ひとり違うし、違っていい。

アスリートの私が思うに、運動するってことは、休養とセットだと思っている。休養、つまり睡眠が確保できて、初めて運動をしようという気持ちになると思うから。今まで仕事をしてきても、結局はそこが要だったと思う。そして、それを感じたのが、私は2カ月後だったのだ、ということ。それまでは運動しよう、というよりは、子どもが寝ている間にやりたいことといえば「寝る」の一択だったから。

個人差があるから、周りの人たちは、産後の人間にはどんな些細なことでも要求しないのが正解だと思う。だって、本当にしんどいんだから。体ももちろんボロボロだけど、やっぱりメンタルの部分を戻すには本当に時間がかかる。子どもへの責任感だったり、経験したことのないわけのわからないことを一つひとつ決断して、自分の心を削りながら、必死で育児をしているからこそ、周りからはあまり要求をしないでほしい、と思ってしまう。本当に、自分のペースでいいのだ。特に体形のことなんかは、絶対に気にしちゃダメ。だって、短期間で元に戻すのなんて、基本的には無理なんだから！　そもそも、人間を一人、この世に生み出しているのだから、普通じゃないのは当たり前。私だって、本格的なトレーニングを始めてからも、体重が落ちなくて本当に苦労した。体を使う本職でも、そんなものなのだ。

しかし、そうは言っても、たった3カ月で産前そのままの輝きで復帰されている芸能人の方々って、なにをどうしているのだろう。すごく知りたい。でもきっと、アスリートよりもストイックなメンタルと体づくりをしたんだろうな、というのは容易に想像がつくので、教えてもらったところで結局できないんだろうな、なんて思ったりもする。

イワシのリアル日記
特別公開！

From Diary

あの日の3行日記

2020.4.27.

久々のクラブハウス。
バイクこぎに行った。
ダンナはセイゴを連れて
お散歩。ベビーオイル試す。

重い腰をやっと上げたら骨折していた話

出産を終えてからしばらくは、小さな命との生活に、責任感、緊張感、幸福感、疲労感など、ありとあらゆる感覚や感情を持っていかれていた。もう、それはそれは目まぐるしくて、適応するのに必死の毎日だった。だから、自分の体の異変にまではあまり気が回っていなかった。

退院してから、そういえばいつも痛いな……と思っていた箇所があった。

産後の私の1日はといえば、基本的にはソファにずっと埋もれるままの日々。体は出産のダメージがなかなか癒えず、動くこともままならず、ほぼ一日中、座っている状態だった。そして、連日悩まされていた夜の睡眠時間確保との戦いに、静かに備えるのだった。

それは、いわゆる産後の単なる一般的な痛みだと思っていた。夜中に起き上がるときに毎回、痛みが走る。なんだろうな？　と思いつつも、上体を起こすときはいつも、体を横にしてから手で支えて起き上がり、ことなきを得ていた。もしかしたら、恥骨のあたりかな？ と、アスリート特有の感覚でなんとなく見当はついた。それでも「まぁ、そのうち治るのかな」と、あまり深く気にしてはいなかった。

出産から1カ月半ほど経ったころ、産後の体の評価を受けにJISS（国立スポーツ科学センター）を訪れた。そこには産前プログラムを紹介してくれた、なでしこのドクターである土肥美智子先生と、産後もお世話になるトレーナーの中野江利子さんもいた。

早速、恥骨のあたりがずっと痛いという話をすると、MRIを撮ることになった。映像では、恥骨が白く写っている。それを見て先生は言った。

「もしかしたら、骨折かもしれないね」

骨折……どうりで痛いわけだ。しかし、どうしてこんなところを骨折したのか？

思い当たるとすれば、ただ一つ。あの「分娩台で勝手にイキんでいた事件」しかない。

ここからは推測だけど、子宮口がなかなか開かなかった時間帯に、力を入れまくって無理やり産道を通そうとしていたのが、おそらく原因だろう。アスリートだけに、一般の人よりも骨盤回りの筋肉は絶対的に鍛えられている。しかもサッカーはボールを蹴る、走るなど足腰回りは特に強度の高い使われ方をしているため、きっと普通の人より筋肉がガチガチに強いのは間違いない。その強固な筋肉と私の「無理やり」が、恥骨を広げて痛めつけてしまったというわけか……。なんてこった！　そろそろまとまった睡眠も少しずつ取れるようになってきたし、トレーニングを始めてみようかなって思っていた矢先に！

でも、「まぁ、どこが痛みの原因なのかわかってよかったよね」ということで、トレーナーの中野さんから、その症状を踏まえてこれからのトレーニングを組んでいきましょうと提案してもらい、その日はJISSを後にした。しかし、この痛みがまた、思いのほか厄介なものだった。

出産からそろそろ2カ月、ようやく体を動かす気力が湧いてくるようになってきて中野さんに連絡を入れると、先日の検査結果を踏まえたメニューを用意してくれていて、まずは復帰に向けたトレーニングのためのトレーニング、いわゆるリハビリのような〝慣らし運転〟から始めることになった。当時は緊急事態宣言中でもあったので、オンラインでの遠隔トレーニング。妊娠と出産で凝り固まった体をほぐしていくところからのスタートだった。

それなのに、せっかく湧き上がってきたやる気とは裏腹に、それを阻むように、なにをやるにもいちいち〝あの痛み〟が邪魔をする。それまでは体をほとんど動かしていなかったので、日常生活でその痛みに悩まされる場面はあまりなかったのだが、いざ体を動かすとなると、しっかり存在感を発揮する。むしろもう、痛くて存在感しかない。この恥骨回りが、運動するのにこんなにも重要な役割を果たしていたなんて。アスリートなのにちゃんとわかっていなかった自分をちょっと反省もした。

つまり、結局のところ、なにをするにもベースとなる動きにこの恥骨の骨折が響き、思うようにトレーニングが進まないのだ。中野さんに「これできる?」と聞かれ「ちょっとこれは痛くてできない」と返す。すると「じゃあ、これだけならどうかな?」と言われて、ようやく「それならなんとかいける」と少しだけ前に進む。

体にグッと力を入れるのが痛いから、なにをするにも基本ができない。おかげで全体的なスタートが遅れることになってしまった。

だからと言って、焦りを感じていたかというと、答えはノーだ。このころの私は、「半年で復帰? そういえば、そんなこと言ってたね〜」くらいのライトさで、焦りなどまったくなかった。その辺は私の図太さとポジティブさを本当に褒めてあげたいと思う。恥骨骨折は自然治癒しか方法がないし、もうしょうがない、と割り切っていた。もちろん、痛くなかったらもっといろいろと前倒しで復帰へ向かえたのかな、とも思うけれど、こればっかりは、もう仕方がない。

ただ、振り返ってみて、もしこの出産が無痛分娩だったらどうだったのだろう？　とは少し考えることがある。陣痛の長い痛みや、出産後のダメージが最小限で済んでいたのなら、復帰も早くなったのかな？　とか、もし帝王切開だったら、腹筋を切ってしまうから復帰に時間がかかってしまうかも、という話は聞いていたけれど、体全体のダメージを考えたら、イキむこともないから恥骨の骨折もなかったな、とか。

結果論になってしまうけれど、どれが最良だったのか。

ただ一つ、わかったことといえば、イキむ力も〝アスリート級〟だったから、骨折しちゃったんだろうな、ということだろうか。

イワシのリアル日記
特別公開！

From Diary

あの日の3行日記

2020.4.16.

JISSで産後評価の日。
MRI撮った。
恥骨は良くなってた。
あと腹筋が縦に割れてた。
びっくりした。骨盤底筋を
きたえないと。

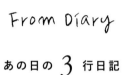

地味トレ

地味なトレーニング、略して「地味トレ」。

どれだけ地味かというと、自分でもできているのか、できていないのか、わからないくらいのトレーニング。

この地味トレが、産前の体には欠かせないという。

お腹に赤ちゃんがいない〝通常営業時〟なら、負荷をかけた筋トレや、ランニング、ダッシュ、ジャンプなど、ボールを使わなくても、汗をかいたり、息が上がったりと、同じトレーニングでも、なんというか「やった感」がある。でも、この地味トレに、手応えはほぼない。だから、やった気がしないのだ。

妊娠してから、手探り状態のセルフ産前トレーニングは、とにかく体に負荷をあまりかけないものや、腹圧を上げないもののなかから、やれそうなメニューを選んでやってきた。

そんななか、お腹もだいぶ目立ってきたころにＪＩＳＳ（国立スポーツ科学センター）でドクターとお会いして、アスリート妊婦のために一番必要なトレーニングは「地味トレ」だと教わった。

その地味トレとは、いわゆる「骨盤底筋」を鍛えるというもの。

寝た状態でお尻を締めるような感じで力を入れ、その状態をキープし、下腹の奥の方の筋肉にアプローチするトレーニングなのだが、これがなんとも手応えがない。「これ、合ってる？」と、いつも必ず不安になる。

しかも、ものすごくイキんだりするわけでもなければ、外から見ると、動きもまったくない。ただひたすらに、黙々とお尻の穴を締めるような動作を繰り返すだけ。終始「これでいいのかな？」という怪訝な表情を浮かべながら。

でも、今だから言える。これがめちゃくちゃ大事だった……！

「やった感」がないから、おろそかになりがちなのだけど、実はこれが本当に大切だったのだとわかったのは、出産後、現場復帰へ向けてのトレーニングを始めるときだった。

JーSSに行き、産後の状態チェックをしてもらった後、ドクターの土肥先生と、トレーナーの中野さんと、今後のトレーニングメニューの確認をした。そのとき、促されて腹筋をしようとすると、あれ？　うまく力が入らない。腹筋が……できない？

これだけ長くアスリートをやってきたのに、ちょっとやそっとで腹筋ができなくなるなんて、あるかね？　そう思いたいが、何回やってもうまくできない。

すると先生が「腹筋はまず骨盤底筋に力を入れてから、上体を起こすでしょう？　だからまず、骨盤底筋に力を入れてみて」と言うので、骨盤底筋に力を入れてみるも、やっぱりうまく力が入らない。そもそも、腹筋ってそういう仕組みだったのか、と初めて知る。

先生が言うには、どの動作をするにも「まず骨盤底筋を締めてから」でないと始まらないそうだ。

だから、先生や中野さんから「地味トレをちゃんとやるように」と何度も言われていたのか。そこで、ようやく気づく。「どこに力が入っているかよくわからない」とか言ってる場合じゃなかった。もっと真面目に取り組んでおけば良かった……！

実際、日常生活にも支障が出ていた。産後におしっこを途中で止めることができないことに驚かされたが、実はこれも骨盤底筋が原因だった。もはや私の骨盤底筋は弱りきっていた。おかげで産後の復帰へ向けたトレーニングは、まず骨盤底筋のリハビリから始めることになった。

産後の華々しさなどない。またイチから、周りから見てもトレーニングしているのかどうかよくわからないような「地味トレ」から、コツコツとやっていくのみだった。

ちなみに、そのできない腹筋を披露したときに、先生に言われて、上半身を起こしながら自分のみぞおちあたりを触った。するとなんと、腹筋が縦にパックリ裂けていた。触った感じは、お腹に縦に大きな凹みがあり、腹筋が深く割れている、とでも言おうか。痛みは特になかった。これはもしかしたら、アスリートという職業上、腹筋が一般の人よりもついていたからなのかもしれないけれど、それだけ妊娠・出産は体中に色んな影響やダメージを及ぼすんだなと、改めて実感した。もう、大怪我と一緒だよね。

そんなわけで、産後、仕事・趣味など、なにかしらに復帰予定のある方には、「骨盤底筋」の地味トレを産前からやっておくことを強くオススメする。騙されたと思って、ぜひ。

イワシの"サポーター"インタビュー③

出産してもサッカーができる。イワシがそれを証明してくれた

中野江利子さん

――岩清水選手の産前産後のトレーニングをサポートしたのが、日本サッカー協会（ＪＦＡ）所属のなでしこジャパン・トレーナーの中野さん。当時のＪＦＡ医学委員会スポーツドクターからの助言で、日本スポーツ振興センター（ＪＳＣ）の制度を利用した、過去に例のない挑戦の裏側を聞きます。

岩清水選手とは、私がなでしこジャパンのトレーナーとしてチームに入った２０１３年からのお付き合いになります。岩清水選手がなでしこから離れた後も、ベレーザの選手に怪我人がいれば、様子を見にクラブハウスにうかがっているので、その際にはいつも挨拶をかわして調子を尋ねたりと、交流は続いていました。

妊娠の話を聞いたのは、2019年夏のある日の試合会場でした。当時、何試合かイワシの名前がメンバー表になかったことが気になっていて、もしかしたらどこか怪我をしたのかな、と心配していたんです。ベレーザの試合を観に行った際、たまたまイワシに声をかけられ、「中野さん、実は妊娠したんだ」と聞きました。私としては、もちろん「おめでとう！」なんですけど、それより、とにかく怪我じゃなくてよかった、元気でよかった、という気持ちが強かったので、ただただホッとしたという記憶が残っています（笑）。

現役選手の産前産後のトレーニングは、私としても初めてのケースだったので、イワシも含め、みんなで初めての新しいチャレンジ、という位置づけでした。

手順としては、JISSで女性アスリートをサポートしている専門の理学療法士さんがベースとなるプログラムを立ててくれ、それを元にイワシと一緒に、二人で考えながら取捨選択をしてメニューを組んでいきました。サッカー選手の産前産後サポートはJISSでも前例がなく、私たちも手探りだったので、他競技の女性アスリートのものを参考に、サッカーだとなにが必要なのか、などを考え、付け加えていくという感じの作業でした。

産前に関しては、もしかしたら、きちんと管理したなかで「もう少し攻めたトレーニングがやかったのかも」という思いがあります。ドクターからは安心・安全を第一に、と言われ、私たちも経験がないので怖さもあり、だいぶセーフティな取り組みをしていましたが、今ならもう少しやれたことがあったのかも、と感じます。

一方で、産後は〝コロナ禍〟に苦しめられました。当初は産後1カ月の健診後から本格的なトレーニングを始める予定でした。それまでに、単独でもできるストレッチや、なでしこジャパンでの経験から特にイワシを知ったうえでの柔軟性を高めるトレーニング、可動域を出すようなエクササイズなどを、様子を見て提案するつもりでした。しかし、緊急事態宣言下でなかなか本人に会うことができなかったのが残念でした。

予期せぬ恥骨の骨折もあり、高強度のトレーニングへ進むのにも時間がかかりました。産後4カ月が経ってもまだ、最優先が恥骨の治癒で、その次にようやく筋力や有酸素能力の強化でしたから。きっと長い間、痛い思いをしていたんだと思います。

しかも、通常の怪我とは違い、そもそも〝出産〟自体が体に大きな負荷がかかっているような状態です。普通ならトップアスリートは、リハビリでも、ちょっとしたきっかけで体や感覚が戻ってくるのですが、出産の場合は想像以上にリセットされてしまうことを知りましたし、本当に大変だと感じました。だから今こうして、戦列に復帰して、以前のイワシらしいプレーが見られることが、私にとっても、すごくうれしいです。

ママになったイワシは「人あたりが柔らかくなった」とよく言われていますが、私のなかでは「前からそうだったよね」という感じなんです。ただ、それをちょっと隠していただけで。なでしこジャパンでやっていたころの彼女は、すごくアグレッシブで、それこそレッドカードをもらっちゃうような闘志あふれる選手に見えたかもしれません。でも、私の知っているイワシは、すごく優しくて、当時の個性的すぎるなでしこメンバーたちの間に入って「まあまあ」とみんなをまとめる〝お姉さん〟のような印象でした。だから、ママになった姿を見て、ああ、イワシってこういう面があったよねって、改めて感じています。

実は、出産してもサッカーをしたいと話す選手が、これまでにもいました。今までは「そうだね、がんばって」くらいのライトな反応しかできませんでしたが、岩清水選手と一緒にこういう経験をさせていただいて、私にとっても大きな自信になりました。今回、産後の現役復帰に実際に関わって、それができることをイワシが証明してくれた。だからこの先、チャンスがあってまたそういう機会を得ることができたら、そのときはもっと自信を持って「がんばれ」と言えるし、そういう選手の背中を押してあげられたらいいな、と思っています。

なでしこジャパン
トレーナー
中野さん
オススメ!

産前・産後の簡単エクササイズ

妊娠中、そして出産後に軽くできる運動ってなんだろう？
そうお悩みの方は多いと思います。
ここでは、なでしこジャパンのトレーナーである中野さんに聞いた
オススメのエクササイズを紹介します。
普段からスポーツをやっている方も、
そうでない方も、おうちで簡単にできるものばかり。
もちろん、無理のない範囲でぜひ試してみてください。

1，オープンブック

・横向きの姿勢で寝転がり、腕を伸ばし、膝関節を 90 度に屈曲する
・胸椎（背骨）を中心に回旋させるイメージで、上側にある腕を伸ばしたまま反対側へ持っていく

2, シッティングウォールエンジェル

・骨盤を立てて壁にぴったりと背中をつけて座る
・前腕が壁から離れないように、頭上に向けてリーチする

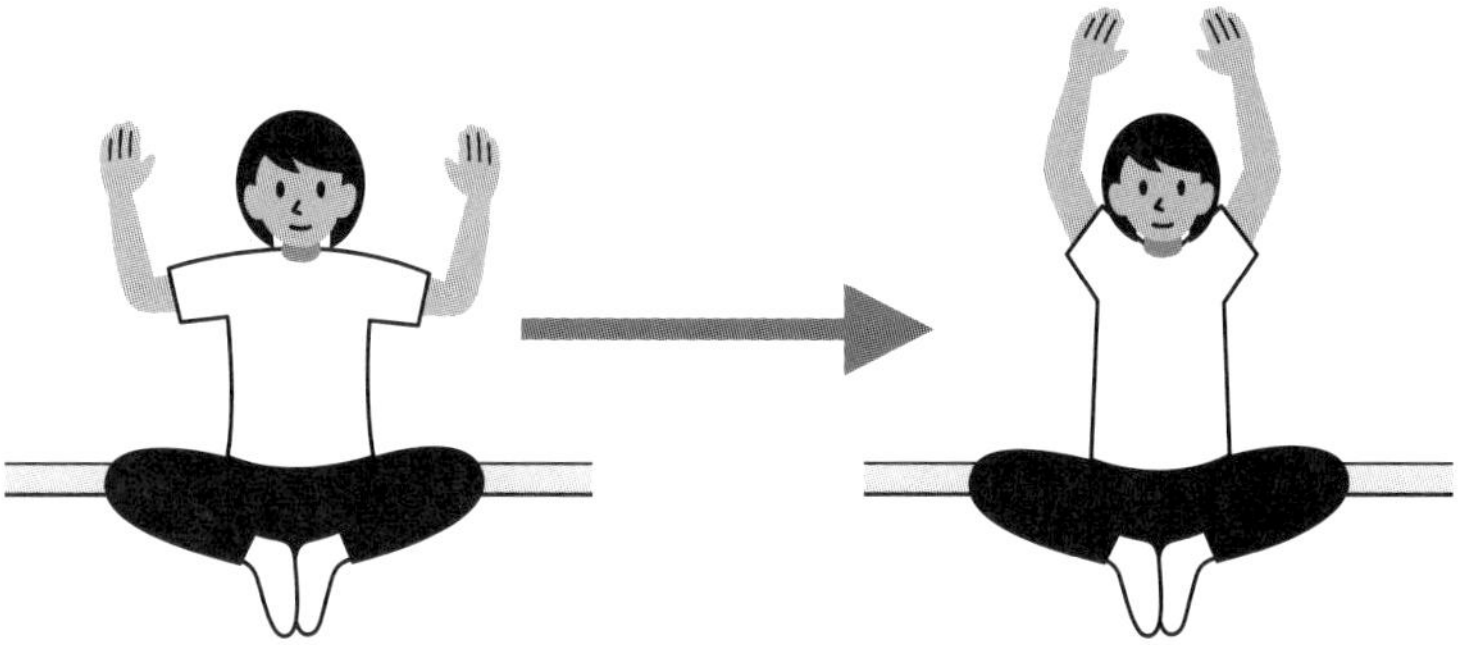

3, 産後の骨盤底筋トレーニング

・仰向けになり、両膝を立てる（はじめは下肢を椅子などに乗せて実施するとよい）
・慣れてきたら下肢を上げていく
・息を吸いながら骨盤底筋群（恥骨や尾骨の周辺の筋肉）をリラックスさせ、息を吐きながら引き上げる

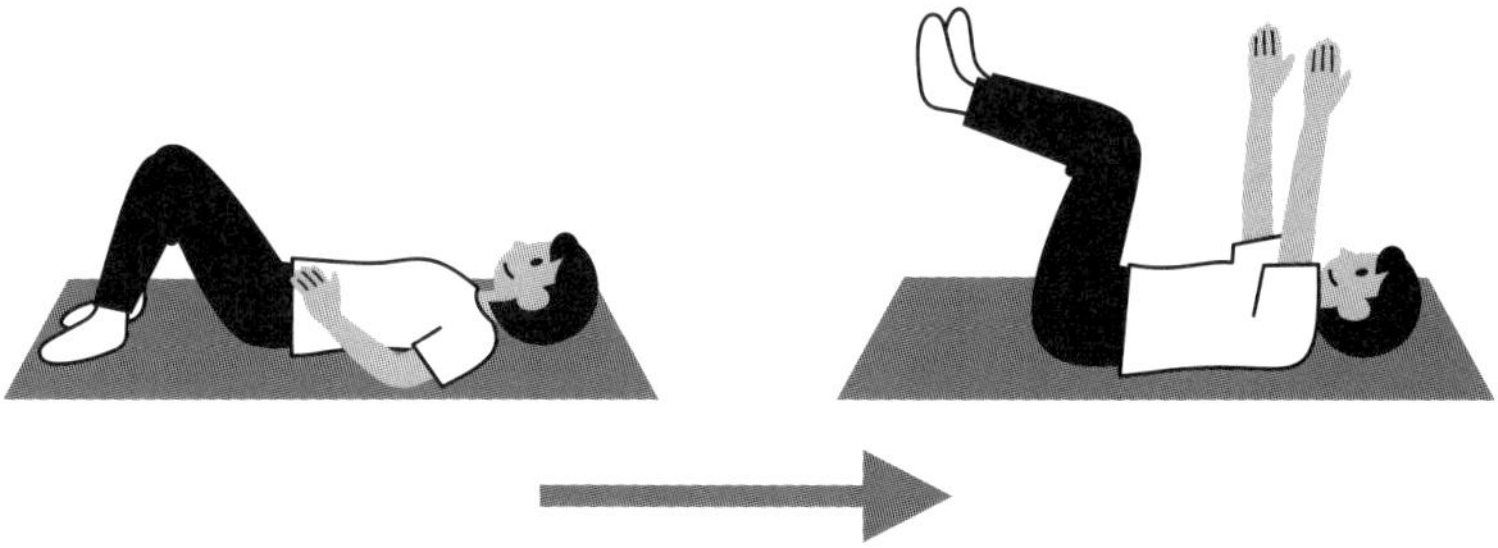

リスタート

こんなにも長い間、ボールを蹴っていないのは、人生で初めてだった。たしか最後にボールを蹴ったのは、ちょうど安定期に入った妊娠5カ月のころ。イベントに参加したときに、腹圧を上げないようにボールを蹴ると、全然うまく蹴れないことに驚いた。そして、これはもう蹴り納めだなと、そのときに覚悟を決めたのだった。

出産から2カ月が経ち、中野さんの指導のもと、私はリモートでの自宅トレーニングを始めていた。妊娠・出産でガチガチに固まってしまった体を徐々に動かせるようになってきたころ、コロナ禍で出社を制限されていたクラブハウスに行っても大丈夫だという許可が出た。ただ、感染対策のため、チームの練習とは別の時間に行くことになった。

産後、初めて訪れるクラブハウスは、息子も一緒だった。会社のスタッフたちに息子の顔を見てもらい、お祝いの言葉をもらう。みんなの優しさに触れて、やっとホームに戻ってこられた感じがした。

帰り際、久しぶりにグラウンドまで歩いてみる。中学生のころからずっとボールを蹴っていた、私のすべてが詰まっているグラウンド。その前に、自分の子どもを抱いて立っているということが、なんだかとても不思議だった。

とはいえ、特別、感傷的になることはなく、むしろようやくここからスタートだな、と清々しい気持ちだった。

クラブハウスに行くようになって、2カ月ほどは、トレーナーとほぼマンツーマンのトレーニングだった。本来なら、きっとチームメイトと同じ時間帯に、隣でトレーニングできたのだろうけど、コロナ禍だったこともあり、私は午前中で、チームは午後の練習。その間は誰とも顔を合わせることはなかった。せっかくクラブハウスに来ているのに、チームメイトに会えないのは、やっぱり寂しかったし、早く一緒にやりたい気持ちが募った。

それでも日々、少しずつ体が戻っていくのを実感できることに、久々の充実感があった。作業としては、今までできていたことが一度できなくなっているので、それをまたできるように戻していくという、いわゆるリハビリトレーニング。基本的には地味なトレーニングが多かったけれど、徐々に通常の筋トレができるようになり、体も違和感なく動かせるようになってくると、焦りはなくとも欲が出てくるようになった。もっとトレーニングをやりたい、もうちょっとサッカーっぽいことをやりたい。そんな欲を感じることで、自分のメンタルが「選手」に戻ってきているのを実感していた。

ずっと室内で体づくりをしていたのが、いよいよグラウンドでのトレーニングになったときは、芝を踏むことでサッカーに近づいている感じがして、とてもうれしかった。そこからは、走れるようになり、ボールを蹴れるようになり……ゆっくりだけど、着実にできることが増え、かつての私の背中が見えてくるようになった。ここまでくると、早くチームに合流したくて気持ちがうずいた。

だから、まずは週1からチーム練習に合流することになったときは、すごく心が高揚したのを覚えている。ずっと一人きりのリハビリだったからか、ちょっと選手と顔を合わせてボールを蹴っただけでもそうだし、後輩とパス交換ができたとか、そんな小さなことでもなんだかたまらなくうれしかった。スパイクを久しぶりに履いて、みんなの練習に参加したときは「おお！　私、サッカーしてる！」なんて、感動してしまった。今まではそれが日常で、当たり前すぎることだったのに、一度離れてみて改めて「私はサッカーが好きなんだ」と再確認させられる。心機一転、これはこれで悪くないな、とも思った。

そして出産からおよそ9カ月、予定よりもだいぶ時間はかかったけれど、ついにチームに完全合流することができた。チームメイトと同じメニューを、同じ強度でこなす。体力的な部分でかつての自分に完全には戻ってはいなかったが、紅白戦に出場したときは、ようやくここまで辿り着けたんだと思い、感動よりもホッとしている自分がいた。

しかし、ここまでの道のりはなかなかに長く、一筋縄ではいかなかった。

途中、ママ選手であることの洗礼もしっかり受けた。息子からの風邪がうつり、お互いに治ってはうつす〝無限ループ〟にハマったこともあった。本調子でトレーニングできない日々にもやもやしながらも、「これが嫌でも子どもからもらってしまう、噂のアレか！」と経験値を積んでいると思って、焦らずどうにかやってこられた。

あとは、2021年9月のWEリーグ開幕に向けて、コンディションを上げていくだけ。シーズンの移行による調整で、たまたま開幕まで長めの中断期間がある。その間になんとかして、元の私のベストコンディションに持っていきたい。

開幕までの時間が待ち遠しいこの感じも、久しぶりだった。あと少し。

いつもと違うリハビリ。怪獣に救われた？

ひと言で言えば、最悪だった。泣きたい。もういやだ。やり切れない。

出産から、思っていたよりもだいぶ時間はかかったが、体もようやくアスリート仕様に戻り、実戦もしっかりこなして、やっと元の「サッカー選手・岩清水梓」になってきた実感があった。あとは2021年9月のWEリーグ開幕に合わせて調整して、いよいよ目標だった、産後初の公式戦に復帰する……はずだった。

開幕戦まであと1週間に迫った日のトレーニングで、最悪の事態は起こった。トレーニング中、右足を投げ出してシュートブロックをすると、膝の内側に痛みが走った。その瞬間、なんとなくいやな予感がした。これはヤバいやつかもしれない、と。

翌日、いつものように息子を保育園へ送り届けると、その足で病院へ行き、MRI検査をしてもらった。先生から下された診断は、内側側副靭帯損傷。全治3カ月。やってしまった。

あー、いやだ。面白くない。これまで、どれだけがんばってきて、どれだけ開幕戦を楽しみにしてきたことか。ツイてなさすぎる。なんでよりによって、自分にとって一番大事なこのときなんだよ――。

同じリハビリでも、出産後にやってきたリハビリと、今回のリハビリでは意味合いがまったく違う。前者は、期間は長いけれど、自分が望んでやってきたリハビリだった。未来はわからなかったけれど、希望を胸に、少しずつアスリートに戻っていく体を実感しながら行うリハビリは楽しかった。つまり産後は、ポジティブなリハビリだった。

だけど今回のはただの怪我。開幕に向けて、せっかく長い時間かけて体を作ってきたのに、台なしだ。同じリハビリでも、スタートがポジティブかネガティブかで、気の持ちようはだいぶ違ってくる。正直なところ、テンションは地に落ちてしまっていたが、怪我を治してリハビリをしないことには、夢の公式戦復帰は実現しない。ここまできたら、やるしかなかった。

負傷した膝を固定してもらい、車で帰る。また3カ月、リハビリかぁ。ため息をつきながら、ふと思い出した。

「あれ？　そういえばウチには〝怪獣〟がいた……よね？」

うっかりしていた。気持ちが塞いでいるとか言っている場合じゃなかった。こちらの気分や事情とは関係なしに、家には全力で甘えてくる、1歳半になったかわいい〝怪我の大敵〟が待ちかまえているではないか！


自宅での生活は、常に恐怖と隣り合わせだった。

怪我の治療とリハビリにおいては、トレーニング以外の時間は、基本的に安静にしているのが常識だ。あまり足を使わないように、負担をかけないように過ごすのだが、それは見事に叶わなかった。

たとえ固定された足を引きずりながら帰っても、家に帰れば「遊んでー！」とミニ怪獣がやってくる。膝にしているアイシングなど、もちろん彼には見えていない。

リハビリも、きちんと過程を組んで進めていくのが当たり前で、加重のかけ方にもある程度の段階がある。だが、ミニ怪獣はそんなことは気にしない。

「抱っこー！　抱っこー！」

要求が始まれば、もう止められない。仕方なく、12キロを持ち上げる。せめてもの対策として、できるだけ怪我をしていないほうの足に重心をかけながら。そのまま、階段の上り下りだってしてした。負荷をかけちゃいけないのに。でも、ミニ怪獣はうれしそうだから、しょうがない。

とにかく、膝にだけは飛びかかってきませんように。ここにだけは落ちてこないで。この上なく緊張感にあふれた日々だった。

それでも、ママ業に休みはない。台所に立ったり、お風呂に入れたり。膝を曲げられないっていうのに……肝心の足が全然休まらない！

それは寝ているときも同じだ。息子のほうが早く起きてしまって、ジャンプして「ドーン！」とかやってきたら、もうおしまいだ。寝るときまでも気が休まらないとは、こんな怪我は初めてだった。

しかし、そのおかげで、リハビリ期間中の時間が過ぎ去るのが、過去最高に早く感じたのも事実だった。毎日、リハビリから帰宅すると、息子にとってはいつも通りのママとの日常がある。足を気にしながらも、あれもこれもと子育てに追われていると、バタバタしていて時間が経つのはあっという間だった。

振り返れば、実はミニ怪獣に助けられていたのかもしれない、と気づく。普通なら、開幕前に怪我をするなんて、選手であればすごく落ちこむシチュエーションだ。しかも今回は、せっかくここまでがんばってきたのに……としばらく引きずってしまってもしょうがないくらいのタイミングだった。

それなのに、家に帰ればそれを考えさせてくれる暇もない、落ちこむ時間すら与えてもらえなかったということは、もしかしたら、私、助かっちゃったのかなと、考える。一人だったらきっと相当落ちこんで、乗り越えるのにも時間がかかっただろう。たしかにちょっとした恐怖とは隣り合わせだったけれど、結果、彼に救われたわけだ。

なかば荒療治のようだけれど、こういう乗り越え方もあるんだな、と思うと、ちょっとうれしくなった。とはいえ、もう怪我もリハビリもこりごりだけど。

イワシのリアル日記
特別公開！

From Diary

あの日の3行日記

2021.9.21.

朝起きたら39.8℃。そして
湿疹が出てきた。そんでちょー泣く。
朝病院にTelして9:30に入れて
もらえた。たぶん突発性発疹かな。
帰ってから寝て、まさかの14:30まで。
リハビリ、初めてテーピングでジョグ。
テープになれなくて不安だった。
昼あれだけ寝たのに20:30に
寝た。

我が子を抱いてピッチへ

本当は、戻れるかどうか不安だった。

産後のリハビリを経て、復帰後初めて公式戦のピッチを踏む機会となるはずだったWEリーグ開幕戦を前に、私は膝の怪我で離脱した。つかみかけていたものが、目の前で手からこぼれ落ち、落胆と、ふがいなさと、虚しさで、そのときは自分の感情が追いつかなかった。そしてまたリハビリ生活に戻るという現実が、ただただつらかった。

そこから約3カ月。怪我のリハビリを終え、ようやくそのときが来た。

何試合か前からベンチメンバー入りはしていて、出番をじっと待っている状況だった。その日の試合も、後半に入ってしばらくしても声がかからず、「今日も出番なしかな」と思っていた。そんな矢先だった。監督から名前を呼ばれた瞬間、「おー！　めっちゃ久々に出る！」と一気に体中の血液が駆け巡るのがわかった。

2021年11月20日。後半28分からの途中出場だったが、およそ2年2カ月ぶりに公式戦のピッチに立つことができた。試合は0—0で、点を取りにいかなければいけない状況だったのもあり、自分のなかでは大きな感動などはなかった。ただ、短い時間でも、自分のプレーをしっかり出せたと思う。「あぁ、長い間やってなかったけど、鈍ってないんだな」というたしかな手応えと感覚があった。うん、これならもうやっていける。

出産の後、怪我もあり、当初の予定よりはだいぶ遠回りしたけれど、きちんとピッチに戻ってくることができたことに、ようやく心からホッとした気分だった。

あとはそう、あの夢を叶えたい。

産後初めて途中出場でピッチに立った試合後、リーグはウインターブレイクにより中断し、再開の初戦は年をまたいだ3月5日だった。ちょうどその2日前は、息子の2歳の誕生日。2本のロウソクが立ったケーキの前で笑う息子を見ながら、明後日、一緒に選手入場できたら最高だな……そう思っていた。

息子と一緒に選手入場するということは、先発メンバーで試合に出るということ。それは、ただ現場復帰するだけでなく、チーム内競争でスタメンを勝ち取って初めて叶うことで、そう簡単ではない。だから、産後の私にとって、それは大きな目標の一つだった。

試合の前日、監督からスタートのメンバーであることを伝えられた。

それを聞いたときはうれしさと、責任感とで、なんとも言えない感情になった。ついに、スタメンとしてピッチに立つ。そして——夢見ていた息子との選手入場が実現する。

試合当日には、会場にWEリーグでは初めて、選手のための託児所が開設された。ベレーザのスポンサーに保育施設を運営している企業があり、そこが全面協力してくれたおかげで、ロッカールームの隣にはおもちゃが置かれ、マットが敷かれたかわいらしい部屋が出現していた。

時間になると、大きなかけ声とともにロッカールームから選手たちが入場ゲートへと向かった。私もユニフォームをまとい、選手の整列の最後尾につくと、竹中さんから連れてこられた息子を引き取り、抱きかかえた。

その日は快晴だった。入場のアンセムが鳴ると、前の選手たちに続いて、私は青空と歓声のなかへ、息子とともに大きく足を踏み出した。見えた景色が眩しすぎて、さすがに込みあげるものがあった。

「あぁ、本当に抱っこして、一緒に入場できるんだ！」

なにがなんだかわからない息子は、私の腕のなかでキョロキョロしている。その様子を見て、「想像していたよりだいぶ大きくなっちゃったな」と思わず笑ってしまった。

ただ、自分でも驚いたのは、念願だった抱っこしての入場に、私は感極まって泣いてしまうだろうな、と思っていたのだけれど、まったく涙が出なかったことだ。やはりスタメンとしてピッチに立つという、選手としての責任感のほうが自分のなかでは大きいのだと実感した。

集合写真を撮り終え、息子を竹中さんに引き渡す。すると、ママから離れたくない息子が途端に大声を上げて泣き出した。もちろん後ろ髪を引かれる思いだったが、そこは試合に集中するために、竹中さんには「なるべく早く部屋に入れてください」と耳打ちし、遠ざかる息子のギャン泣きを聞きながら「聖悟、ごめん！　仕事なんだ！」と自分の心に言い聞かせ、ママのスイッチを完全に切った。試合は、4－0で快勝だった。

自分の子どもと試合会場に行き、ギリギリまで一緒にいて、そのまま試合に出る。自分のサッカー人生でこんな世界があるなんて、まったく想像していなかった。そしてこれが、この先の日本女子サッカー界の標準となったらどんなにいいだろう、と思うのだった。

イワシの"サポーター"インタビュー④

村松智子選手

この先も、絶対に、生涯現役でいてほしいです

――「カツオ」の愛称で親しまれるベレーザの現キャプテン、村松選手。なでしこジャパンがワールドカップを制した2011年にベレーザへ昇格した彼女にとって、岩清水選手は永遠の憧れです。

私にとって、イワシさんは憧れの人です。私も下部組織のメニーナからずっとベレーザに在籍していますが、入ったときからずっと憧れの人。昔からごはんに連れて行ってもらったり、仕事でもプライベートでもかわいがってもらっていて、その憧れは今も変わりません。私もこのクラブでイワシさんみたいな存在になれるようにと、常に意識してやってきました。

イワシさんとは同じポジションで、ベレーザに上がった1年目からセンターバックを組ま

せてもらっていました。私の憧れが強すぎたのもあるのですが、正直、当時はめちゃくちゃ怖くて（笑）。普段も話しかけていいのかな？　と少し萎縮していました。これは、ご本人にも話しているんですけどね。

怖かったのは、サッカーに対する思いが強く、やっぱり厳しかったから。絶対に勝たなければいけないベレーザというチームでは甘えは許されない、仲良しこよしじゃダメなんだ、ということをしっかり教えてもらいました。怖いけど、イワシさんは人にものを言う分、自分がやるべきことは絶対にやっていて、それを見てチーム全体の雰囲気が締まって、いつも緊張感のあるトレーニングができていたように思います。私も今、キャプテンの立場になって、それがよりわかるようになりました。あのような厳しさを出すことは、実はすごく大変なことなんだと、私もここ数年で強く感じています。

そんなイワシさんから、みんなの前で妊娠・出産・復帰の話を聞いたときは、とにかくビックリしました。直前まで普通に試合も出ていたし、まったく気づかなかったんです。だから、もう意味がわからなくて、「いつから？　え？　あの試合に出ていたときも？」と一人でだいぶ混乱していました（笑）。でも私のなかでは、そういうことをする最初の人は絶対イワシさんだと思いましたし、絶対にできると思いました。普通に産んで戻ってくるんだろうなって。むしろ、私はその時期に怪我をしていたので、イワシさんが戻ってきたときにまた一緒にプレーしたいというのを、勝手に自分のリハビリのモチベーションにしていました。

初めて息子の聖悟に会ったときは、本当にイワシさんの子が、あのお腹から出てきたんだ！とちょっと興奮したのを覚えています。久しぶりに会ったイワシさんは、すっかりママの顔に変わっていました。今までの厳しいイワシさんの雰囲気から、聖悟を抱っこしているときは、ちょっと柔らかい感じになっていて。そんな姿を見たのは初めてでしたし、そのときは、すぐに選手に戻るというよりは、今は「ママ」なんだなと実感しました。

だから、普段はあんなに厳しいイワシさんが、聖悟がいるオフの時間は、間違えて私たちにまで赤ちゃん言葉で話しかけてきたりもするんですよ（笑）。かわいいですよね。

こうして一緒に成長を見守ることができたり、子どもと関われたりすることは、これからの女子サッカーやWEリーグが目指している理念にも近いことなので、ベレーザが先駆者になれたのかなと思っています。イワシさんがいるからこそ、この環境ができたので。

イワシさんがママになって復帰後、私が一緒にちゃんと出場できた試合が、２０２２年の皇后杯でした。あの皇后杯は、今までのイワシさんに、新しいイワシさんがプラスされたような感じだったので、その隣で一緒にプレーできたこと、そしてなにより一緒に優勝できたことは最高にうれしい思い出です。セレモニーの後に、聖悟が来てピッチで抱き合っているのを見たときは、本当にすごいなって、改めて尊敬しました。あの皇后杯は、自分にとっても本当に忘れられません。

復帰して最初のころは、コンディションの問題などでイワシさんが苦しんでいたのを見ていました。それでも今は試合に出たら以前のままだし、プレー中はちゃんと厳しく、ピリッとした雰囲気を作ってくれる。相変わらず、さすがだなと感じています。

この先も、絶対に、生涯現役でいてほしいです。ことあるごとにご本人には言い続けていますが、イワシさんがもし「やめる」と言っても、私は認めません。だから、絶対にやめないでくださいって、ここにも書いておかないと(笑)。本当に、できるだけ長くプレーしてほしいと思いますし、いつか成長したな、もう任せられるな、ってイワシさんに認めてもらえるように、自分もがんばらないといけないなと思っています。

イワシの"サポーター"インタビュー⑤

植木理子選手

「私のチームにもいたんだよ」って、言えました!

――ベレーザで岩清水選手と一緒に戦い、現在はイングランドのウェストハム・ユナイテッドFCウィメンで活躍する現役なでしこジャパンのストライカー。植木選手が海外で感じたこととは?

私がサッカーを始めたのが、なでしこジャパンがワールドカップで優勝した2011年でした。初めてメニーナの練習に来たときに、「あの決勝でレッドカードをもらった岩清水さんって人だ!」と思ったのが、イワシさんの第一印象です（笑）。同じグラウンドでサッカーをするようになると、やっぱりオーラが違いましたし、一目ですごい人なんだなとわかりました。イワシさんの、自分自身や、周りにも厳しく要求する声や姿勢は、チームを長く引っ張ってきた人なんだな、とすぐにわかるものでした。私はポジションも違いますが、それでもやっぱりああいう選手になりたい、という理想像でした。

私がベレーザに参加するようになったころは、ワールドカップ優勝メンバーは、イワシさんと阪口夢穂さんだけでしたが、さすがに緊張しました。その緊張が解けるまでにはだいぶ時間がかかったように思います。だから、年齢も10歳以上離れている私が、今ではこんなに仲良くしてもらえるようになるなんて、思ってもいませんでした。

妊娠の話を聞いたときはとにかくビックリしましたが、「大丈夫なのかな?」「復帰なんてありなの!?」という、あまりポジティブではないビックリでした。前例もなかったし、私自身が無知だったのもあって「これからどうするんだろう……」というのが正直な感想でした。そもそも当時の私はまだ20歳そこそこで、そういう話に接したことがあまりなかったのもあって、いろいろと理解が追いつきませんでした。今では幼かったなと思いますが、お祝いよりビックリが勝ってしまったんです。しかも復帰すると聞いて、さらに驚いてしまって、「そういうのって可能なの?」「戻って来られるの?」って、頭が「?」でいっぱいでした。きっとそのときの若手選手は、ほとんどが同じだったんじゃないかと思います。

シーズン途中のタイミングだったし、やっぱりイワシさんは絶対的な存在だったので、抜ける穴が大きいのも心配でした。でも、その穴を埋めなきゃいけないのは、プロチームの宿命です。最初は衝撃的で不安でしたけど、イワシさんのこの大きな穴を、みんなでちょっとずつ埋めていこうと、そこで団結した気がします。それはイワシさんの人柄があったからこそ。イワシさんのために、みんなが同じ気持ちでがんばれたんだと思っています。

ただ、あのときに、真っ先にお祝いの言葉が出てこなかったのは今でも悔しいです。本当は言いたかった。そういうことに直面したことがなかったから、周りのことが気になってしまい、いいことが先に頭に出てこなかったんです。でも、こうしてすぐそばでイワシさんが道を作ってくれたおかげで、いろいろな可能性を知ることができました。きっと女子サッカー選手にとっては大きなことだし、こういう選択肢があるとわかったことで、女子選手の出産や復帰に対する認識が、これから変わっていくのかなと思っています。

私は、2023年からベレーザを離れ、イングランドのクラブに所属しています。そのチームメイトに、4歳の息子さんがいて、しかも第二子を妊娠しているという選手がいました。イワシさんがいなかったらきっと「マジかよ！」って思うところでしたが、すぐにイワシさんに連絡しましたよね。私もその選手と喋りたかったから、「私のチームにもいたんだよ」って、イワシさんの話をしました。なでしこジャパンの優勝メンバーなんだよ、って。だから、今のクラブでもちびっ子を見ると、いつも聖悟を思い出しています。

クラブもすごく協力的で、そのママ選手のお腹の子の性別を発表するパーティーが、クラブのスケジュールに入っているんです（笑）。当日は、風船がいっぱい用意されていて、それをママ選手本人がパンッ！と割って、青か、ピンクかをみんなで見守る。そして割れたらパーティーの始まりです。文化の違いもあるけれど、こういう楽しみを、選手としてちゃんと真剣にできる環境が素敵だなと思います。とてもいい経験でした。

だからもし、いつかイワシさんが第二子を授かったという発表があったら、今度は迷わずにすぐ、おめでとうって言えます。今の私なら。

イワシさんには、できるだけ現役でいてほしい。もうそろそろ、お母さんがサッカー選手なんだってわかる年頃だと思いますが、聖悟がもっと大きくなって、学校で「うちの母ちゃん、サッカー選手なんだ」って自慢できるくらいの年までやってほしい。限界まで、まだまだ前を走ってほしいなと思います。

イワシのリアル日記
特別公開！

From Diary

あの日の3行日記

2020.5.12.

クラブハウスにバイクこぎに
行った。カツオとか初聖橋！
初めてリコラに行った。

Chapter.5

仕事と子育て

子どもを預ける

自分の性格はポジティブか？　ネガティブか？　そう聞かれたら、私はどちらかというとポジティブ側かもしれない。ハッピーオーラを周りに振りまくような、キラキラしたポジティブではないけれど、基本的には何事もいい方向に捉えたいタイプ。まぁ、試合に負けたときだけは、そううまくはいかないのだけど。

息子が生まれる前から、子どもを保育園に預けるのはどのタイミングからになるんだろうな？　と、たまに考えていた。いずれ復帰をするのならば、そこは避けては通れない道だから。

本当のことを言えば、私の描いていた理想的なスケジュールでは、産後2カ月目には復帰トレーニングを開始し、3カ月目くらいにはチームの全体練習に合流。遅くても6カ月後には公式戦のピッチに立っているはずだった。今になって思うと、そんなことは夢のまた夢。絶対無理！

もちろん、思いがけない恥骨骨折も影響して、痛みでなかなかトレーニングが進まなかったことも、復帰までに時間がかかった原因ではあった。それでも、そういうイレギュラーを含めて、出産とはどれだけ予習をしていても、思うようにはいかないものだな、と改めて思い知らされたのだった。

私が初めて息子を保育園に預けたのは、生後4カ月のころだった。まだそのときは、私のトレーニングはチームとは別で、産後の体をアスリート仕様に戻していくリハビリのような段階。そのためクラブハウスに行く頻度も少なかったので、慣らし保育も兼ねて、週に数回通園する形でスタートした。

初登園の日は、預けるときも、お迎えのときも、環境の変化にビックリしたのか、ギャン泣きだった。でもその後は泣かれることはほとんどないまま、今に至る。よく捉えれば、物心もちゃんとついていない、わけのわからない時期に預けることによって、わけのわからないうちに慣れてくれたのだと思う。まだ「ママがいい！」と認識できる段階ではないからか、離れたくなくて泣いたりはしなかった。それはそれでちょっと寂しかったのだけど。
のちのち私がチームに合流し、本格的にアスリートとして以前のようなスケジュールで連日トレーニングするようになるころには、もう彼にとって通園は慣れたものだった。保育園に行くことは、彼のなかでは当たり前。送りの際の切ないお別れなどは一切なく、今でも、こちらへの「バイバイ」もなしにサッサと園に入って行く後ろ姿に、こちらが一方的に手を振って見送っている。もはやその背中には頼もしさすら感じる。

子どもを預ける年齢には、いろいろな意見がある。たとえば「0歳児はまだ早いんじゃないか」とか「一番かわいい時期なんだから一緒にいられるうちは〜」とか。実際に、私も母にそれっぽいことを言われたことがある。母は一度仕事を辞めて育児をした人だったのもあって、「自分で見られるだけ、見たほうがいいんじゃない？」と。たしかに、できるだけそばにいて、成長を一つも逃さず見ておきたい、という気持ちもなくはない。でも特に仕事をしている人にとっては、そうもいかなかったりする。これは世のお母さんたちにとっては、本当に悩ましい案件だと思う。

私はといえば、やっぱり選手としてピッチに戻りたい気持ちが強かった。だから早い段階で保育園にお世話になることは決めていた。でも、それは結果的にすごくよかったと思っている。

なんというか、メリハリがつく気がするのだ。誤解を恐れずに言うならば、「本来の自分に戻れる」というか。息子を保育園に預けている間だけ、一瞬、ママの看板が下ろせる、というほうが正しいかもしれない。

トレーニングを再開して、グラウンドに出るようになったとき、その時間だけ「母親」ではなくて「選手」の時間になったのが、ちょっとうれしかった。何十年もピッチに立ってきた私にとっては、まさに「戻ってきた」という感覚。子どもは本当にかわいいし、優先順位の一番はなにを差し置いても子どもだけれど、一方で、グラウンドでは「選手」として存在していたい。それを我慢せずに、ポジティブに解決できるのは保育園にお世話になることだと思った。

息子を預けて離れている間、彼は彼で遊んで、眠って、好きな時間を過ごす。私は私で大好きな仕事をする。お互いに好きな時間を過ごした後、お迎えに行って再会して、お互いの1日について話をする。これが毎回すごく楽しみなのだ。朝に一度、お別れをしているから、お迎えで「また会える！」と思うとたまらない。だから、いつもお迎えに行くときはルンルンしている自分がいて、その瞬間は本当に幸せな時間だ。

お迎えで、先生の話を聞くのも楽しみの一つ。「そんなことするんだ！」みたいな知らない一面を教えてもらえたり、「これを覚えましたよ」と聞いていたことがいつ披露されるのかな、とワクワクしたり。

なんか、園で再会して家に一緒に帰るたびに、すべてがまたさらに愛おしくなっているのがわかる。それは多分、自分が充実しているからそう思えるのかな？ 私はそう思っている。これが、自分の好きなことをなにかずっと我慢していたり、自分が充実していなかったりしたら、もしかすると子どもに優しくできないときもあるかもしれない。だから私にとって、子どもを預けることは、お互いが充実した時間を過ごして、また愛情の再確認ができる、前向きになれる大切なプロセスなのだ。

イワシのリアル日記
特別公開！

From Diary

あの日の3行日記

2020.10.20.

セイゴ送ってから「オムツがない」
と連絡をもらい2往復。
ジム→MTG→TR。フィジカルは
ほぼダッシュできつかった。
ミニゲームに入れた。少しずつ
怖さが減ってきたかも。

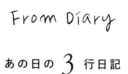

仕事スイッチとママスイッチ

昔から、オンとオフの切り替えを大事にしていた。サッカーをしているときと、サッカー以外のとき。オフのときはなるべくサッカーからは離れるようにしていた。そうすると、モノの見方が偏らない気もするし、違う世界の人と触れ合うことで、「サッカー脳」がいったんクリアになって、自分のなかではとても有効だった。

母親になってからというもの、その切り替えのスイッチが仕事の「オン」と「オフ」ではなく、「仕事」と「ママ」に変更された。しかもその新しいスイッチは、こちらが望むと望まざるにかかわらず、勝手に切り替わるオートマチック型になった。

実は、母親になる前は、ものすごく引きずるタイプだった。試合に負けた日の夜中なんて、もうダメ。全然眠れない。さらには次の日のオフも、ずっと悩んだりしていたくらいだ。

それなのに、子どもが生まれてからは、仮に悪い試合結果で帰っても、家に着いた瞬間に「ママスイッチ」がオンになる。正確に言うと、自分で切り替えるというより、切り替えさせられてしまうのだ。本当ならば、むしろ負けたことに対してあれこれ反省したり、悩んだりしたい。だけど、家に着いた途端に子どもから「ママ！　ママ！」と言われると、こちらも「はいはい」とママにならざるを得ない。すると、いつの間にか勝手にサッカースイッチが切れてしまうのだ。

いったんママスイッチが入ったら、悔しくて眠れないなんて言っている場合ではない。「明日の朝、また早く起きられたらいやだからさっさと寝よう」という思考が働いて、眠れてしまうから不思議だ。

とりわけ、睡眠時間の確保は私にとっての重要テーマ。息子が新生児のときに、痛いほどその大切さは身に染みてきたので、寝るか寝ないかは自分次第となれば、もう「寝る」の一択しかない。起きている場合じゃないのだ。寝ないと明日がやっていけない。

思えば、自分一人のときは、試合から帰ってくると、あのプレーはああしたらよかった、こうしたらよかった、とかそんなことを一晩中ずっと考えていた。そういう生活を20年近く続けてきたのに、子どもができたことでこんなにもあっさり、自分の仕事に対するメンタルが変わってしまうとは。しかも、意識的にではないからまた面白い。努めて「引きずらないように」と思っても散々引きずってきたのが、今では息子が目の前に来た時点で良くも悪くもサッカーのことは勝手に忘れてしまう。だって、そんな隙すら与えてもらえないから。

子育ては、すごく大変だ。わからないことだらけだし、不安だらけだし。それと並行して仕事に取り組むことも、同じくらい大変だ。でも、私にとって子育ては、仕事においてもプラスに作用することのほうが多いように感じている。まず、息子がいることでサッカーに対する私のモチベーションは間違いなく上がっている。そして、彼と日々接することで、今までになかったサッカーに対する新しい思いも現れた。日々、小さなオンとオフを息子が切り替えてくれることで、ちょっとした仕事の悩みも忘れてしまうし、「まぁ、いっか」と前向きになれる。マイナスの部分はあまり見当たらないかもしれない。

ただ、注意しておく必要があるのは、その自動的なスイッチは、どのような状況でも平等に「オン」されるということ。

つまり、仕事のことで悩む隙を与えてくれない「オン」もあるけれど、仕事でよっぽどいいことがあって浮かれていても、なかば強制的に現実へと引き戻される「オン」もあるということだ。すごくいやな気持ちが切り替えられるのは助かるけれど、すごくうれしいことがあっても、その余韻には決して浸らせてもらえない。彼に会うなり、しっかり「ママスイッチ」を入れられてしまい、すべてはただのいつもの1日になる。あのスイッチがひとたび入れられれば、良かれ悪かれ、引きずることはできないのだ。

まぁ、そうだよね。たとえ優勝して帰ったって、まだ幼い子どもにしたら、知ったことじゃないのだ。優勝しても、失敗しても、1日は1日。うん、そんなもんだ。

「両立」ってなんだろう？

子どもが生まれるまでは、自信がなかった。私にも子育てと仕事の「両立」がちゃんと務まるのだろうか、と。具体的な想像はついていなかったけれど、大変だ、ということは見聞きしていた。だからただ漠然と不安に思っていた。

では、実際に出産を経てサッカーの現場に復帰してみて、子育てと仕事の両立はできているかと聞かれると、正直なところ「両立」という言葉にあまりピンときていない自分がいる。「両立」って、一体なんなのだろう？

そうは言っても、私にも「両立」の経験がある。それは、「サッカー」と「仕事」の両立だ。まだ女子サッカーのリーグがプロ化されていないころ、サッカーとは別の仕事をしながら選手をしていたからだ。サッカー選手であり続けるために、日中は違う仕事をし、生計を立てる。そんな私にとって、「両立」というと、どちらも結果や成果が求められるものを成立させる、というイメージだった。そして今、「子育て」と「仕事」で考えると、「両立」という言葉がどこかしっくりこないのだ。

その理由の一つとして、私の「仕事」が、2021年のWEリーグ発足によって「プロサッカー選手」になったということが、大きく影響しているような気がする。

いわゆる産休が明け、現場復帰に向けてトレーニングを開始し、6カ月ほどかけてようやく体もアスリートに戻ったころ、私はチームに完全合流した。そしてちょうどそのタイミングで、私を含むチームの選手たちは、その翌年のWEリーグ開幕に合わせて、クラブとプロ契約を結んだ。つまり、ここで初めて私の「仕事」が「プロサッカー選手」になったのだ。今まではサッカーをするために働いていたのが、サッカーをすること自体が仕事になる。いつかはそんな日がくるといいな、と思っていたことが現実になったのが信じられなかったし、うれしかった。だからだろうか、同じ「仕事」でも、どんなに練習や試合がキツかったり、しんどかったりしても、好きなことをやらせてもらえている、というありがたさのほうが勝ってしまう自分がいる。サッカーが「仕事」になった今、自分のなかの「仕事」に対する考え方が変化したことで、「両立」の意味合いも変わってきたのかもしれない。

一方で、「子育て」についても考えてみる。どうして「両立」という言葉にピンとこないのか――。そこで気づいたのは、結局のところ、私にとって「子育て」は「プライベート」のカテゴリーに入り、結果を出すためにがんばる、という「両立」の柱には入ってこない、ということだ。そう、子育ては、私のなかでは自分の生活が変わっただけ、なのだ。

もちろん、子育てはとても大変だ。優先順位の一番はすべて子どもになるし、自分に費やす時間や、自由な時間はほとんど取れなくなった。ごはんだって作らなきゃいけないし、お風呂も入れなきゃいけない。夜も寝つくまでそばにいて、朝早くから叩き起こされる。自分の時間なんてあったものじゃないし、本当に忙しい。でも、「まぁ、そんなもんか」と思うのだ。夜に友達とごはんを食べに行ったり、遊びに行ったり、そういう自分自身の楽しみは減ってしまったけれど、そこに関してはやっぱり子どもがかわいいので、我慢できてしまう。そんな時間がたまにあればいいかな、くらいの気持ちだ。むしろ、保育園や幼稚園に子どもを預けている日中の間に、好きな仕事ができる。そしてそれが、サッカーであること。その事実のほうがうれしくて、なによりも仕事に対するモチベーションになっている気がしている。

そう考えると、自分は好きなことばかりやらせてもらっているなぁと、改めて感じる。好きなサッカーを仕事にさせてもらっている。子育ても、「お母さんになりたい」という私を、選手として応援してもらって、存分にやらせてもらっている。そんな考えがベースにあるからか、いつの間にか私のなかで「両立」するという概念がなくなっていたのかもしれない。

「仕事」以外はすべて、ただの生活。その生活のリズムが、子どもが生まれて変わっただけ。そんな気がしている。だから私のなかでは、「仕事」と「子育て」が同列ではないのだ。となれば、私の勝手な「両立」理論で考えると、仕事は100点を目指すけれど、プライベートは「両立」の柱ではないわけだから、常に結果を出さなくてもいい。つまり100点じゃなくてもいい、ということになる。自分で言っておきながら、なんだか気持ちがラクになってきた。

これが、子どもが二人、三人といたらまた全然違うのかもしれないし、人によって環境も違うから一概には言えないだろう。正解はわからないけれど、少なくとも、今の私には、子育てと仕事を「両立」するんだと気負わないほうが、気楽に楽しくやっていけるのかな、と思っている。

がんばらなくたっていい

たまにSNSの投稿とかで、ものすごい完璧なママを目撃する。身だしなみもきちんとしていて、ごはんは手の込んだものをすべて手作りで子どもに出したりしていて。出産前はただただ「すごいなぁ」とぼんやり見ていたけれど、実際に子どもが生まれてからは、それはただの幻想だったと解釈している。うん、きっと私はなにも見ていない。

だって、ウチはそんなの全然無理！　いかにしてごはんを「普通に」ちゃんと食べてもらうか。もう食事の時間は息子との戦いだ。よその家はよその家。そのスタンスじゃないと、とてもじゃないがやっていられない。子育てとは、ちょっとした戦争であると同時に、いかにしてうまく手を抜くかが、勝負のカギだと思っている。

あるとき、保育園の先生から「私たちがちゃんと育てるから安心してください！」と言われたことがある。うれしかった。そうでなくても安心していたが、今では「本当にお願いします。育ててください！」というメンタルで、どっぷりお願いしている。全部自分でやるのもいいけれど、仕事もしていると、やはりどこかで疲れてしまう。子どもの前で自分の笑顔が薄れてしまわないように、私は結構早い段階から、全力でお願いするスタイルをとっている。その分、仕事をがんばりますんで！　と。

おかげで、息子はいろんなことを園で学んできてくれて、家で教えることはあまりない。ありがたい。だから、お迎えに行ってから家で一緒に過ごす時間は、大変なことも多いけれど、いつも楽しくて幸せだ。

そんな息子も、今は幼稚園に通っている。本当はそのまま保育園がよかったのだけど、体力がありあまってきて、少しでも寝ると充電がフル満タンになるようになってしまった。保育園には必ずお昼寝の時間があって、まだ本人は活動量的に余裕があっても必然的に睡眠を取る。その結果、ほぼ活力満タンで家に帰ってくることになり、夜になってもなかなか寝てくれないという事案が発生していた。これが幼稚園だった場合、お昼寝はないと聞いた。彼の活動量も大幅にアップした今、転園したほうがいいのかもしれないね、という話になった。とはいえ、やはり環境が大きく変わることになるので、なかなかすぐには決断ができないでいた。そうこうしていると、幼稚園の見学の日が来た。園庭もあり、元気

があり あまる息子には、好きなだけ走り回れるのでベストかも、と思い、それを機に転園を決めたのだった。

私たち夫婦の予想は的中した。お昼寝のない幼稚園になった途端、息子は遊び疲れて毎晩18、19時には寝てしまい、朝まで起きず。思いっきり遊んで、体力の限界まで消費しているからか、幼稚園から家に着くころには目が二重になり、もう完全に眠い顔をしている。それがまたかわいいのだけど。

もし、転園の勇気が出なくて、そのまま保育園に預けていたら、毎晩、寝てくれないことに頭を抱えていたかもしれない。もちろん保育園にはとても感謝しているけれど、結果的に私たちにとっても、息子にとっても、いい決断になったと思っている。

これは私の個人的な意見だが、もちろん子どものことを一番に考えるのは当たり前だけど、私たち親にも負担が大きくなりすぎないような決断をすることが、結果的に子どもにとってもプラスになるのかな、と思う。

子育てにおける理想は、出産前からある程度あった。でも、そんなに理想どおりにうまくいくことって、あまりない気がする。そこに固執して、心がすり減ってしまうくらいなら、自分のやりやすい方法、生活していくうえでラクな道を選んでもいいんじゃないかと思っている。

そりゃあね、私だって本当なら、子どもにスマホとか、動画とかはあまり見せたくないって思っていた。でも、それを見ながらだったらごはんをちゃんと食べてくれるのなら、結局、見せてしまっているのだ。だって、なかなか食べてくれないんだもん！　なんなら、お菓子で釣ってごはんを食べさせたりすることさえある。白状します。私がアスリートだから食事の栄養には人一倍こだわってきたとか、そんなのは関係ない。今はとりあえず、「なんでもいいから栄養を取ってくれ！」ですよ。静かにしていてほしいときも、つい、お菓子をあげちゃう。よくないのはわかっている。わかっているけれど、育児のラクさを求めて、結局のところは天秤にかけてしまうのだ。

ただ、そのおかげで私のメンタルは保たれているわけなので、自分のなかで暗黙の了解としている。

二人の子どもを持つ私の友人が、育児の相談をしたときに言っていた。

「元気なだけで花マルだよ」

そうだよね、生きているなら、元気なら大丈夫。そんなにがんばりすぎなくても。

自分に素直になる

なにかを決断するとき、私はあまり周りの人に相談しないタイプだ。実際のところ、妊娠がわかって現役を続けると決めたときもそうだった。でも、迷ったり、悩んだり、不安になったとき、自分に似た境遇の人って、どうしているんだろう?　と調べることはある。やっぱり、後押しになってくれるようななにかを、無意識に探しているのかもしれない。でも最後は自分。自分の心が思うように、素直になって決めるのが、最終的には一番後悔しないのではないかと思っている。

以前、企画で産婦人科医の先生と対談させていただいたことがある。そのときに卵子凍結のお話などを興味深くうかがったのだけど、とってもポジティブな内容の半面、なかなかシビアなお話でもあった。

聞けば、30歳を過ぎたあたりから、加齢に伴って卵子の質が低下していくという。思わず、それを聞いて唸ってしまった。つまり、アスリートとしてはキャリアが最も〝ハイ〟な時期に、卵子もピークを迎えるわけだ。おそらく普通の仕事をしている人でも、そうなのではないだろうか。自分が若手でもなくなり、やれることも増えてきて、仕事が一番面白くなってきているころが、ちょうどそのときなのではないかと想像する。

女性にとって、「子どもが欲しい」＝「どこかでキャリアが一時中断する」ことを意味する。それなのに、リミットがある。仕方がないことだけれど、なぜ女性だけ、と理不尽さを感じずにはいられない。これは本当に、永遠に悩ましい問題だ。

私の職業の場合は、キャリアを中断して妊娠・出産・復帰した前例はないに等しかった。だからこそ、逆に若いころは子どもを産むことや結婚することが、悩みの対象にはほとんどならなかった。いや、ならないようにするのが当たり前だ、と思っていたのかもしれない。すべてはキャリアを終えてから、もしくは、そのときがキャリアを終えるとき。そうどこか勝手に決めていたような気がする。

でも、これまでに結婚や出産がまったく頭をよぎらなかったかと言えば、それはうそになる。「婚期を逃すかも」というのは考えたことがあるから。女性なら、自分のキャリアを積み上げていく過程で、よっぽど興味がない限りは、必ずそのモヤモヤと接することになる。そんなとき、他の人はどうしていたのだろう。どんな風に考えて、どんな決断をして、どんな行動をしたのだろうか。同業でなくとも、参考にしたいと思うはず。だって、それだけ大きな覚悟が伴うモヤモヤだと思うから。

そういうモヤモヤで頭がいっぱいになったとき、私はいつもなにが今、自分にとって一番大事なのか、ということを自問するようにしていた。

私にとって、それはずっとサッカーだった。だから、今までも、いつもそれを選択してきた。

そもそも、女性だけそういう岐路に立たされて、なにかを選ぶ必要が出てくること自体、もう少しどうにかならないのか、とは思う。でも、それを受け入れざるを得ない環境にいて、迷ったときには、自分に素直になって、本当に自分がやりたいことを常に一番に選択するのがきっといい。

もし未来に出会いとかがなくて、漠然と描いていた「いつか」がなくなってしまっても、それはそれで私は後悔していなかっただろう。そのとき、たくさん考えて選んだことを、自分自身が知っているから。迷ったら、やっぱり自分がやりたいと思ったことを、自分の思うタイミングでやるほうが、必ず最後は納得がいくと思うのだ。

先日、20代前半の子と話をしていたら、「イワシさんくらいのキャリアと功績がある人はいいんですよ」と言われた。なるほど、そうか、と考える。もちろん、私もそれなりにがんばってきた。たしかに、ある程度のキャリアと、ベレーザというクラブひと筋でいる功績が、今回の妊娠・出産・復帰を決断するにあたって、私の大きな後ろ盾になっていたことは間違いない。

クラブ内でまったく前例がないのに、私がわがままを言って、こういう人生の選択をさせてもらった。おそらく、クラブ側は私が理解している以上に、いろいろなことを配慮してくれたり、気を遣ったり、すごく大変だったと思う。しかもタイミング的には、まだ女子サッカーのリーグがプロ化に切り替わるギリギリ前。クラブに契約社員として在籍していたことで、産休も取りやすかった。振り返ると、何事もタイミングがいい人生を送っている気がする。

結果としては、この選択をしてすごくよかったし、それが叶えられたこの環境には本当に感謝している。おかげでサッカー選手でありながら、お母さんでもあるという一風変わった面白い生活をさせてもらっている。

でも、正直なことを言えば、これはやってみないと、話してみないとわからないことだった。もしかしたら、これが10年前だったら、私の決断に対して、クラブも後ろ向きだったかもしれない。おそらく時代が変わって、WEリーグが始まるこのタイミングだったからこそ、受け入れてもらえたのかな、とも思っている。

今は、踏みこんでみてよかった、と思う。なにか少しでも、いい意味でこの世界に変化がもたらせたのなら。

だからもしこの先、私と同じ決断をしようとした選手が現れたときに、キャリアや年齢でリポートの有無が決まるとしたら残念だし、そうであってほしくないと思っている。評価の対象とされるのは、あくまでも本人の選手としてのがんばりや実力であってほしい。そしてそのとき、私の通った道がいい前例になって、少しでも明るい選択の手助けになれるのであれば、すごくうれしいし、この先の選手生活も前例になることを自覚して精進していきたいとも思っている。

世の中のスタンダードは、きっとこの先も変わっていく。そして時代も人間も、医療もきっと進化していく。スポーツ選手の選手寿命だって、昔に比べれば随分と長くなった。だから、もしかしたらこの先、早めの決断をして、出産を経験してからのほうがプロ選手として活躍する期間が長い、なんて選手も出てくるかもしれない。そうなったら、すごく面白いし、また世界が変わるだろうな。

でも、一つ言えるのは、いつの時代でも、どんなときでも、自分が後悔しない選択をすることが一番大切だと思うのだ。望む環境が整うまでは、私たちにできることは、それしかないのだから。

イワシの"サポーター"インタビュー⑥

聖悟くんパパ

彼女が納得いくまで、見守っています

――プロアスリート岩清水梓の夫であり、一緒に息子を育てるパパ。家事も育児もできるほうがやればいい、をモットーに日々協力しながら、妻のサッカーへの思いを誰よりも尊重するパートナーからのメッセージ。

彼女が現役を引退しようか悩んでいるのは、なんとなく感じていました。そんなに長くはない、という話を、時折していましたから。パートナーの立場である僕からすれば、選手であってもそうでなくても、彼女自身のなにかが変わるわけではないので、サッカー選手としての彼女の意見を尊重し、どんな道を選んでも受け止めようと思っていました。

妊娠がわかって「引退しようと思う」と言われたとき、僕からは「自分が後悔しない道を選ぶのがいいと思う」ということを伝えました。でも、これは彼女にも言っていなかったのですが、僕には半信半疑なところがあって、本当に引退するとはあまり思っていませんでした。なんとなく、やめないんだろうな、というか、やめたくないんだろうな、というのは、一緒にいて感じていたので。

だから、お義母さんから「続けてみたらいいんじゃない?」と言われて、彼女のなかでは自分の考えが180度変わったという感覚だったのかもしれませんが、僕のなかではそれほど驚きはなく、すんなり受け入れることができました。もちろん、出産はとても大変なものだということは理解していました。でも、今までこれだけサッカーをがんばってきた彼女にとって、それが引退の理由にはならないんじゃないかな、と思っていたからです。サッカー選手としては、まだまだできる状態。引退するとは口にはしていたものの、どこか100%納得しているようには見えなかった。多分、本当に体がボロボロになるとか、試合に絡めなくなるとか、サッカー選手として必要とされなくなったときが、彼女にとっての引退なんじゃないかなと、僕は今でもそう思っています。

当初は引退を決めていたこともあり、お腹に子どもがいても、当時行われていたカップ戦が終わるまでは妊娠の事実を公表せずに最後まで戦う、ということを、夫婦二人で決めました。今になって冷静に考えれば大変な決断をしたと思いますし、無事に生まれてきてくれて、元気に育っているからこうやって話ができているけれど、いろんな事態が想定されるなかで、親としての判断はどうだったか、責任が薄かったのではないか、と言われれば、さまざまな意見があるだろうということは理解しています。

ただ、僕はサッカー選手としての彼女の強い意志を感じたので、それを尊重しよう、と心に決めていました。ベレーザというチームに対する彼女の責任感や愛は、もしかしたら、子どもに対するそれと同じくらい大きなものなのだと思います。だからこそ、彼女もあそこまで戦うと決めたのだろうし、僕もハラハラはしていましたが、今までも、何度も逆境を乗り越えて走ってきた人なので、信じようと決めました。

今、母になった彼女を客観的に見てみると、「本当にすごいな」という感想しか浮かびません。ママとして子育てや家のことをやりつつ、遊ぶときは「ママと子ども」なんだけど、ちょっと「先輩・後輩」みたいな雰囲気で、全力で一緒に遊ぶ。それでいて、アスリートとしてやらなければいけないことも今までと変わらず、決して手を抜かずにしっかりと準備をしているので、尊敬の気持ちでいっぱいです。

基本的には、家族もサッカーと同じで、誰かが抜かれたら誰かがカバーするように、パパもママもそれぞれができることをやって協力しあうものだと考えています。しかし、一緒に子育てをしていると、どうしても「結局はママで収まる」場面が多いことも実感します。男子選手の場合は「家のことはママに任せて、パパはサッカーに集中」なんて話をよく聞きますが、ママ選手だとそうもいかない部分があります。息子はやっぱりママが大好き。ママがいればママに寄っていくし、特にサッカー選手である彼女は遠征に出ることもあるので、そういうときはどうしても「ママがいない」となってしまうのですが、僕もあの手この手でどうにかしようと画策し、パパにできることを考える日々です。

とても真面目な性格で、人の思いに応えよう、という意志が強い人なので、口に出した以上、自分はママになっても最前線まで戻るんだ、という彼女のなかでの使命感があるのではと思います。子育てをしながらも、プロアスリートでいられるということを、自分が納得のいく形で示すまでは、まだしばらく続けていくような気がしています。

いいんじゃないですかね。近くで見守っています。

おわりに

「アスリートだから大丈夫だよ！」と言われた出産も、〝超〟がつくほどの難産でしたし、「体力があるから大丈夫だよ！」と言われた育児も、体力もなにも「寝られないから発揮できません！」というのが現実。むしろ二人、三人と育てているママさんたちの偉大さを、身をもって感じている日々です。

今は私も二人目のことを考えたりして、それこそ「引退」の二文字が改めてチラついてくることもあります。小学生から始めたサッカーを、一度もやめたことがないので、だから「引退したらその先どうなるの？」とか「サッカーのない生活ってどんな感じなのかな？」と、まだ想像がつきません。ただ、この妊娠・出産・復帰を経験することで、今まで知ることのなかった世界や、たくさんの可能性があることを知りました。

人生の選択肢って、いろんなところに転がっているんですね。

私がこの先、どんな選択をして生きていくかは、ぜひ楽しみにしていてください。そしてこれからも応援してもらえたらうれしいです。

「本を出そうよ」と言われて、私でもできるのか不安でしたが、構成も担当してくれたフォトグラファーの佐野美樹さんが後押ししてくれたことで、なんとかここまでたどり着くことができました。おかげで、サッカー選手としての一つの宝物ができたと思っています。この本の出版を実現するにあたってご尽力いただいた編集担当の寺澤薫さん、写真を提供してくださった、女子日本代表を長きにわたって撮影してくださっているフォトグラファーの早草紀子さん、そしてこの本に関わってくれたすべてのみなさまに、この場を借りて心から感謝を申し上げます。

育児については、「子育ては俺たちに任せて、復帰を目指してがんばりなさい」と出産を前に背中を押してくれた当時のスポンサー、株式会社タスク・フォースの西山悟社長、そして保育園ポポラーのみなさんには大変お世話になりました。心強かったです。また、株式会社エムールの高橋幸司社長には、子どもの成長とともにサポートをいただき、本当に感謝しております。岩泉ホールディングス株式会社の山下欽也社長にも、この場を借りてお礼を言わせてください。おいしいヨーグルトで聖悟もスクスク成長しております。

そして、私を長きにわたって育ててくれた日テレ・東京ヴェルディベレーザのみなさま、産前・産後と、いろいろ協力をしてくれたチームメイトやスタッフたちにも、改めて感謝を伝えたいと思います。

今回、母の一言が私の人生を変えました。

振り返れば、父の言葉のおかげで、サッカーでここまでのキャリアを積み、さまざまな出会いを得ることができました。

私も、自分の子どもがなにかに迷ったとき、両親が私にしてくれたように、いいアドバイスができる親になれるといいな、と思っています。本当にありがとう。

最後に、人生のパートナーとなってくれた夫、そして私たちのもとに来てくれた聖悟。幸せで楽しい毎日をありがとう。

これからも、いろんな景色を一緒に見ようね。

岩清水　梓

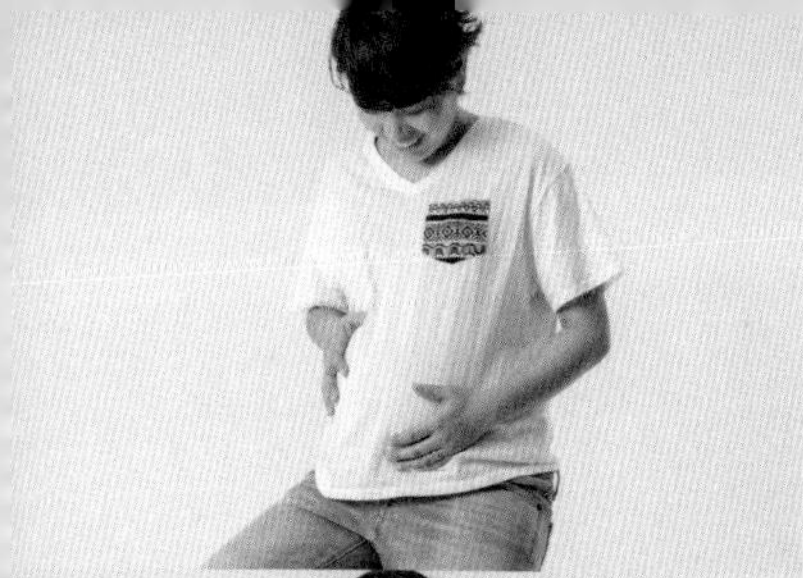
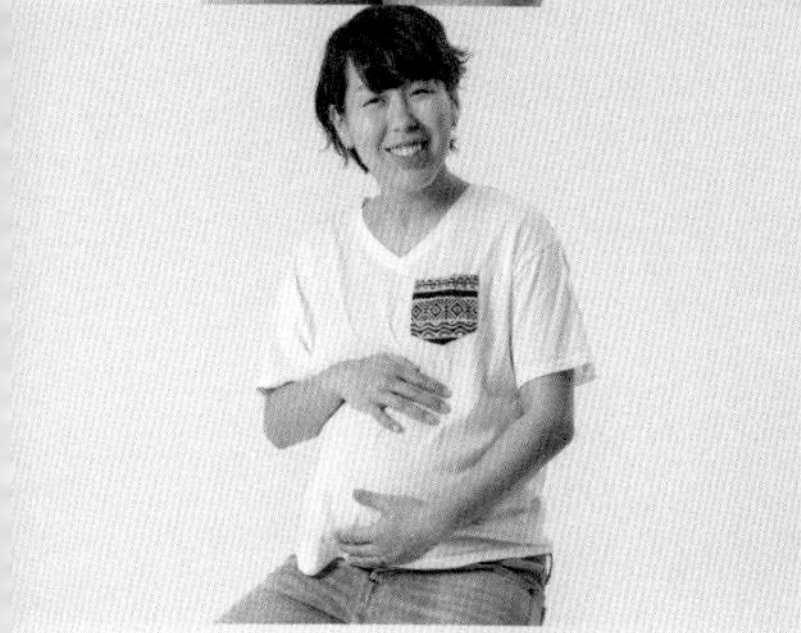
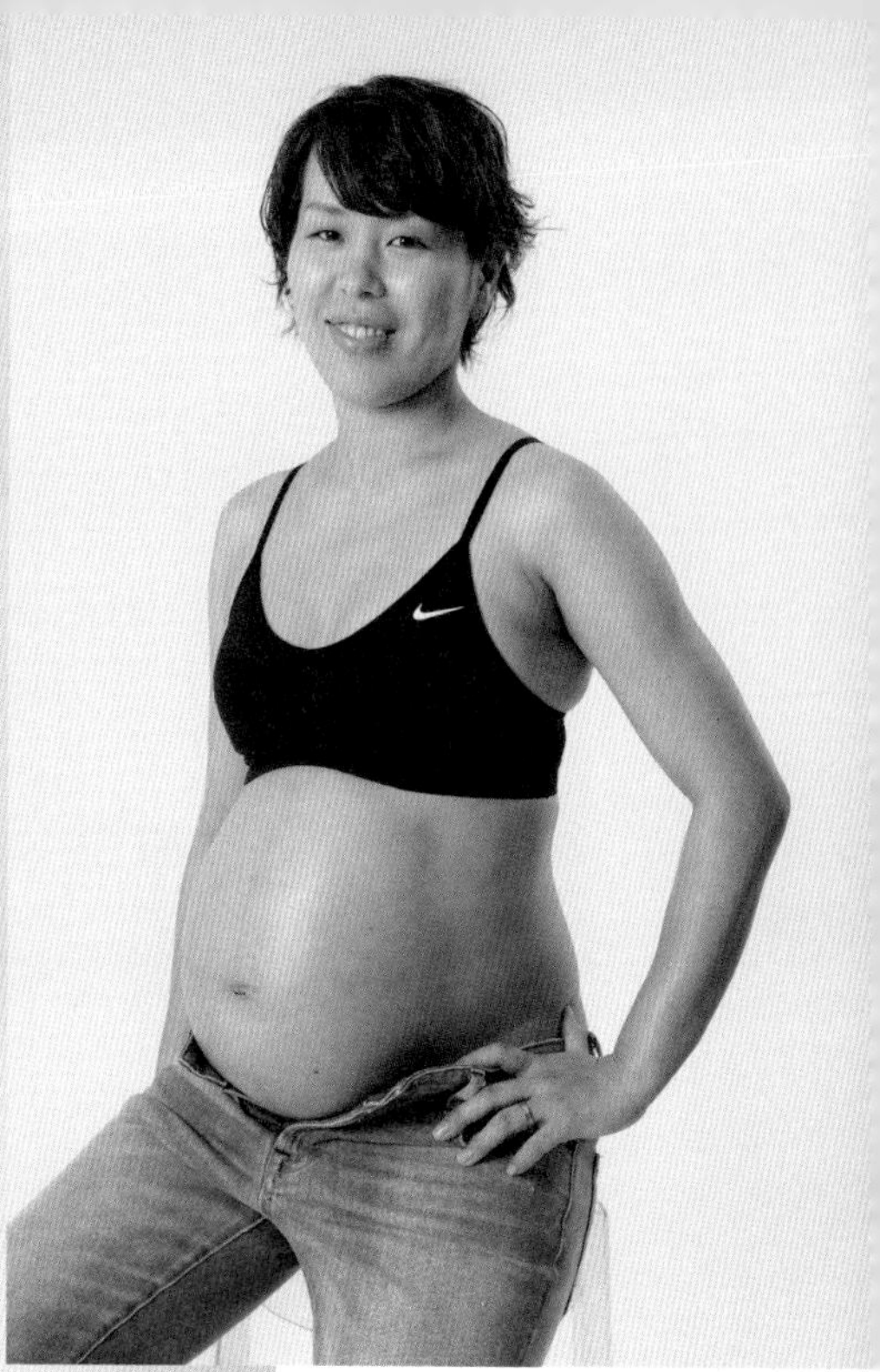
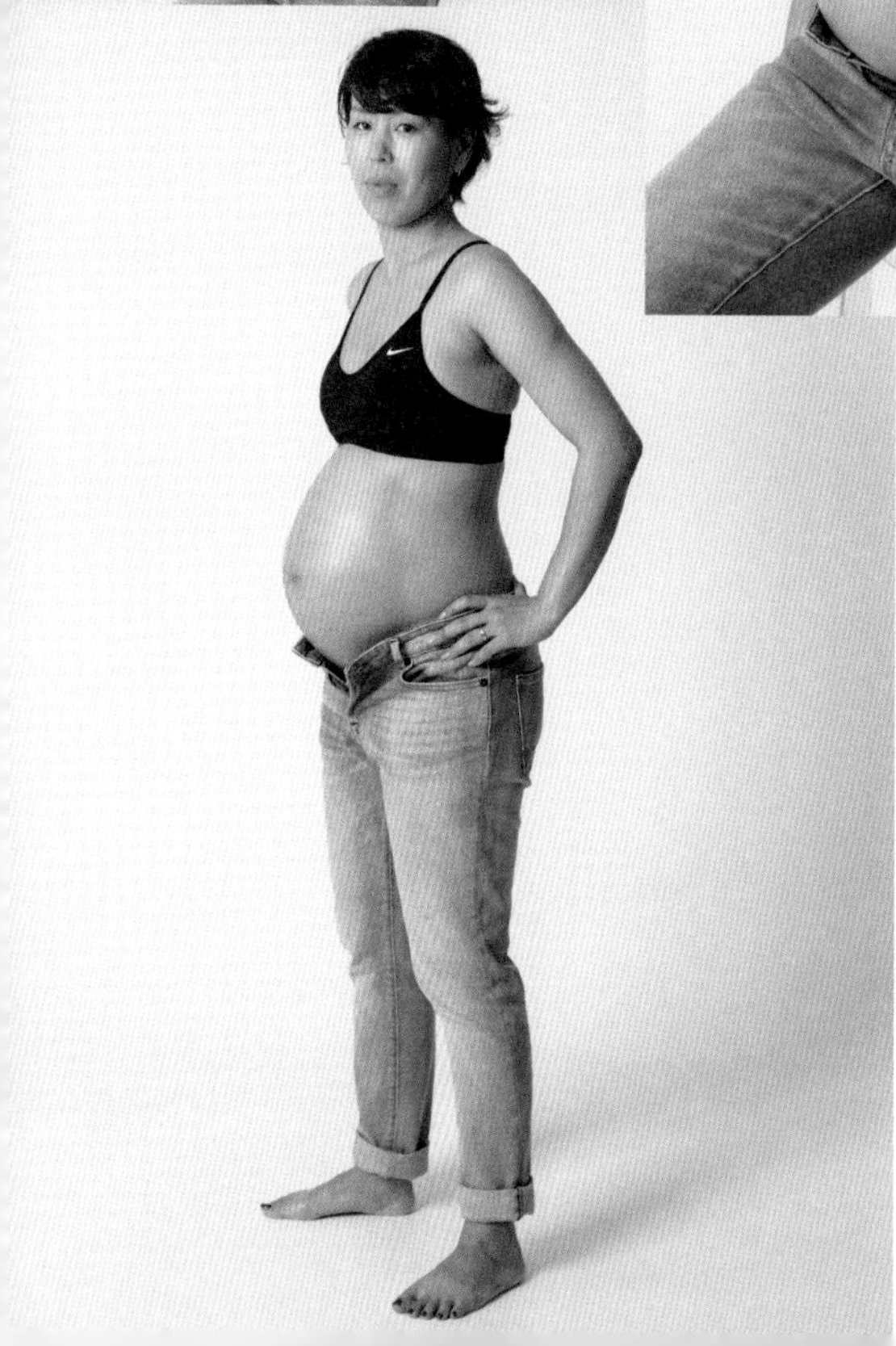

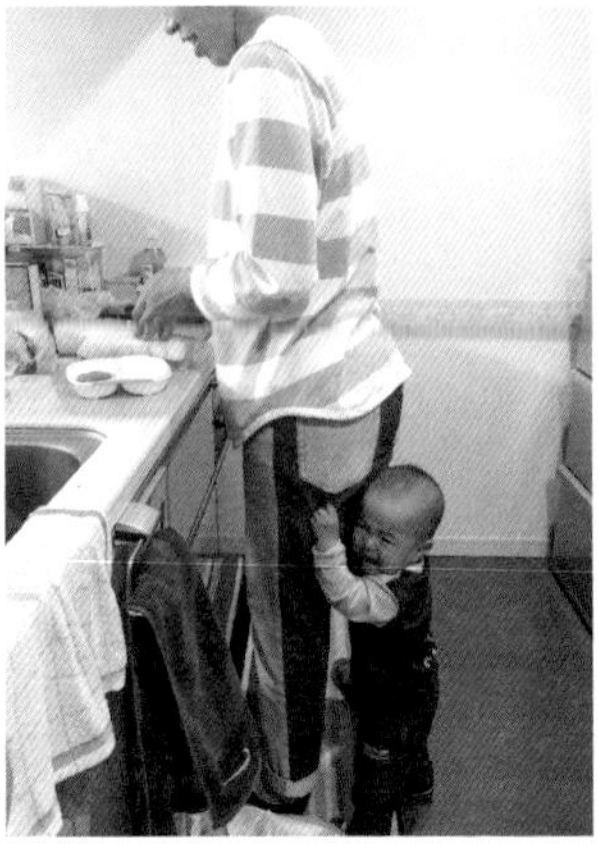

33

33

33

33

著者紹介　岩清水 梓（いわしみず・あずさ）

1986年10月14日生まれ。岩手県出身。プロサッカー選手。日テレ・東京ヴェルディベレーザ所属。なでしこジャパン（サッカー女子日本代表）の守備の中心選手として長く活躍した、女子サッカー界を代表するDF。FIFA女子ワールドカップに3度（2007年、2011年＝優勝、2015年＝準優勝）、オリンピックに2度（2008年・北京、2012年・ロンドン＝銀メダル）出場。クラブチームでは16歳でのデビュー以来、ベレーザひと筋で、なでしこリーグ5連覇を含む数々のタイトル獲得に貢献。2006年から2018年まで13年連続でベストイレブンに選出されたことが評価され、2019年のなでしこリーグ表彰式では澤穂希、宮間あやに続く史上3人目の特別賞を受賞した。2020年3月3日に第一子を出産。育児休養期間を経てピッチへ復帰し、現在もWEリーグで現役のプロサッカー選手としてプレーを続ける。

MJS
33
SEIGO

構成・カバー撮影　佐野美樹
協力　日テレ・東京ヴェルディベレーザ
写真提供　佐野美樹、早草紀子、日テレ・東京ヴェルディベレーザ
ヘアメイク　ミヤチミユキ
デザイン　鈴木彩子
DTP　竹内直美
イラスト　倉本ヒデキ（p128～129）
校閲　円水社
編集　寺澤 薫

ぼくのママは
プロサッカー選手

岩清水梓の出産と子育てのはなし

2024年4月3日　初版第1刷発行

著者　岩清水 梓
発行者　尾和みゆき
発行所　株式会社小学館クリエイティブ
〒101-0051 東京都千代田区神田神保町2-14 SP神保町ビル
電話 0120-70-3761（マーケティング部）
発売元　株式会社小学館
〒101-8001 東京都千代田区一ツ橋2-3-1
電話 03-5281-3555（販売）
印刷・製本　中央精版印刷株式会社

ISBN 978-4-7780-3629-4